"十四五"职业教育国家规划教材

# 财务会计分岗实训（第二版）

吴向阳　张　玉　贾丽娟　刘　晔／主　编
王霄雅　王永刚／副主编

立信会计出版社

图书在版编目(CIP)数据

财务会计分岗实训 / 吴向阳等主编. —2 版. —上海：立信会计出版社，2023.6(2025.1重印)
ISBN 978-7-5429-7344-3

Ⅰ.①财… Ⅱ.①吴… Ⅲ.①财务会计 Ⅳ.①F234.4

中国国家版本馆 CIP 数据核字(2023)第 088430 号

策划编辑　　郭　光
责任编辑　　郭　光
助理编辑　　窦乔伊
美术编辑　　吴博闻

财务会计分岗实训(第二版)
CAIWU KUAIJI FENGANG SHIXUN

| 出版发行 | 立信会计出版社 | | |
|---|---|---|---|
| 地　　址 | 上海市中山西路 2230 号 | 邮政编码 | 200235 |
| 电　　话 | (021)64411389 | 传　真 | (021)64411325 |
| 网　　址 | www.lixinaph.com | 电子邮箱 | lixinaph2019@126.com |
| 网上书店 | http://lixin.jd.com | | http://lxkjcbs.tmall.com |
| 经　　销 | 各地新华书店 | | |
| 印　　刷 | 常熟市人民印刷有限公司 | | |
| 开　　本 | 787 毫米×1092 毫米　　1/16 | | |
| 印　　张 | 21.25 | | |
| 字　　数 | 273 千字 | | |
| 版　　次 | 2023 年 6 月第 2 版 | | |
| 印　　次 | 2025 年 1 月第 4 次 | | |
| 书　　号 | ISBN 978-7-5429-7344-3/F | | |
| 定　　价 | 49.80 元 | | |

如有印订差错，请与本社联系调换

# 第二版前言

党的二十大报告强调,"坚持把发展经济的着力点放在实体经济上,推进新型工业化,加快建设制造强国、质量强国、航天强国、交通强国、网络强国、数字中国",实体经济的发展对会计人才培养工作提出了新的要求。该报告也非常明确地把大国工匠和高技能人才作为人才强国战略的重要组成部分。高职会计专业应当紧紧围绕高素质技术技能人才培养目标,坚持以立德树人为根本,以教学改革为中心,以实践教学为重点,以培养学生的职业技能为主线,不断提高教学质量。教材是课程建设和改革的重要载体。"教学做一体化"和"理实一体化"改革是培养高素质技术技能会计人才的有效途径,实施"一体化"教学必须要有实训教材做支撑。实训教材既是教与学之间的桥梁与纽带,又是"一体化"教学改革的有力保障。

为此,我们在多年会计实践教学的基础上,从会计工作岗位实际需求出发,围绕会计岗位从业人员所需知识和能力进行调研,组织企业会计专家和具有丰富教学经验的"双师型骨干教师"编写了本教材。

本教材紧贴中小企业会计岗位工作的需求,充分体现教改理念和思路,做到实训方式岗位化、实训内容任务化和能力目标职业化。

本教材共分为两个部分:第一部分介绍了实训公司的基本情况,组织机构及人员岗位职责,会计政策;第二部分以实训公司真实的经济业务为载体进行实训设计,旨在培养学生的岗位意识,锻炼岗位核算工作能力,提高履行岗位职责的能力,促进综合职业素养的形成。

本教材具有以下特点:

(1)满足了"理实一体化"教学改革的需要。本教材按照会计工作岗位设计了十二个分岗位会计实训项目,与"财务会计"课程各项目理论教学进度同步。学生在学习各岗位理论知识的基础上,练习相应的岗位业务技能,培养真实会计业务的处理能力。最后一个综合业务实训项目让学生了解企业组织形式,熟悉会计工作岗位之间的业务衔接关系和内部控制要求,是对学生所学专业知识的一个综合检验。

(2) 适用法律法规最新。本教材以《企业会计准则》为依据,使用最新税率编写(截至2022年12月1日)。

(3) 实用性强。本教材采用校企合作的编写模式,实训资料准确、规范,所用原始凭证的式样均来自企业、银行和税务机关,增强了学生的感性认识。

(4) 本教材融入思政元素,将习近平新时代中国特色社会主义思想、传统文化、财政新规、时政等内容加入教材的思政园地模块,旨在培养具备坚定正确的政治方向和较高的政治素质,具有高度的社会责任感和工作责任心,以及良好的思想品德的学生。

(5) 本教材采取"活页式"的装订形式,活页式教材具有可拆解性和可组合性,可根据实际教学、实训需要将教材内页抽出或加入新书页,而不对整体教学内容产生影响,具有高度灵活性,满足不同学校不同专业不同学时的学生学习需求。

(6) 配套资源丰富。本教材为专业教师配备了丰富的教学资源,包括教学大纲、课程课件和实训答案等。另外,本教材还配套编写了《财务会计分岗实训专用账簿》,将各类账页有机组合,可以省去采购账簿耗材的繁琐步骤,节约环保,同时也提高了学生实训的效果。

随着人工智能、云计算、大数据、移动互联网等新信息技术的普及应用,智能会计软件为企业简化了财务流程,大量的会计核算工作可以由智能软件自动完成,实现自动识别和查验原始凭证,自动生成记账凭证,自动记账、结账,自动生成报表。本教材与时俱进,将项目十三综合业务中涉及的票据进行了截取,上传到教材资源网站,既可以满足学生手工实训的需要,又可以满足学生在会计智能化实训平台实训的需要。

本教材由吴向阳、张玉、贾丽娟、刘晔、王霄雅和王永刚(山东美晨生态环境股份有限公司总经理)共同编写,在编写过程中参阅了不少专著和教材,得到了立信会计出版社郭光编辑和山东共达电声股份有限公司财务工作者的大力支持和帮助,在此一并表示诚挚的谢意!

本教材是高职高专院校会计专业的实训教材,同时也适合社会读者自学会计知识使用。

由于编者水平有限,本教材如有疏漏和不足之处,恳请各位专家、老师和广大读者不吝指正。

编 者

2023年5月

# 目　　录

第一部分　走进实训公司 …………………………………………………………… 1

第二部分　岗位实训 ………………………………………………………………… 4
 项目一　　出纳岗位会计实训 …………………………………………………… 4
 项目二　　往来核算岗位会计实训 ……………………………………………… 21
 项目三　　投资核算岗位会计实训 ……………………………………………… 51
 项目四　　存货核算岗位会计实训 ……………………………………………… 57
 项目五　　固定资产核算岗位会计实训 ………………………………………… 89
 项目六　　无形资产核算岗位会计实训 ………………………………………… 105
 项目七　　职工薪酬核算岗位会计实训 ………………………………………… 113
 项目八　　税务核算岗位会计实训 ……………………………………………… 135
 项目九　　资金核算岗位会计实训 ……………………………………………… 169
 项目十　　收入费用核算岗位会计实训 ………………………………………… 183
 项目十一　财务成果核算岗位会计实训 ………………………………………… 219
 项目十二　财务报表编制岗位会计实训 ………………………………………… 233
 项目十三　综合业务实训 ………………………………………………………… 243

附录 1　凭证填制与账簿登记注意事项 …………………………………………… 325
附录 2　实训耗材采购统计表 ……………………………………………………… 332
附录 3　原始凭证审核记录表 ……………………………………………………… 333

# 第一部分　走进实训公司

## 一、实训公司的基本信息

公司名称:潍坊嘉华电子有限责任公司
注册资本:人民币600万元
法定代表人:雷鸣
开户银行:中国银行潍坊市青年路支行
账号:9420964141366049011
行号:339035330336
社会信用代码:91370702M944328289
联系电话:78830418
公司地址:山东省潍坊市青年路787号
经营范围:研发、生产和销售电子元件及组件,与产品相关的解决方案和服务

## 二、组织机构及人员、岗位职责

按照《中华人民共和国公司法》的规定,公司的权力机构为股东会。潍坊嘉华电子有限责任公司(以下简称公司)设立董事会对股东会负责,董事长雷鸣为公司的法定代表人。公司下设公司办公室、财务部、采购部、生产部和销售机构五个职能部门。公司各部门主要岗位设置基本情况如表1-1所示。

表1-1　公司各部门主要岗位设置基本情况表

| 职能部门 | 岗位 | 姓名 | 岗位职责 |
| --- | --- | --- | --- |
| 公司办公室 | 总经理 | 李宇 | 负责公司整体生产经营管理活动 |
| | 主任 | 于力健 | 负责行政管理工作 |
| | 劳资专员 | 李洁 | 负责员工考勤管理、工资的计算和福利费的发放工作 |
| 财务部 | 经理 | 刘岚 | 负责财务部工作 |
| | 出纳 | 洪丽 | 负责现金、银行存款收支和相应单据的处理 |
| | 会计 | 王芸 | 负责日常业务的记账和财务部制单工作 |
| | 会计 | 孟红伟 | 负责收料单和发货单的填制工作 |
| 采购部 | 经理 | 赵红 | 负责采购部工作 |
| | 材料库保管员 | 温暖 | 负责原材料的保管工作 |
| 生产部 | 经理 | 王达 | 负责生产部工作 |
| | 检验 | 郑一 | 负责产品检验工作 |

(续表)

| 职能部门 | 岗位 | 姓名 | 岗位职责 |
|---|---|---|---|
| 销售机构 | 经理 | 范畅销 | 负责产品销售工作 |
|  | 成品库保管员 | 严　谨 | 负责产成品保管工作 |

### 三、会计政策

（1）公司执行《企业会计准则》。

（2）存货业务核算方法。公司原材料、库存商品均采用实际成本法核算。采购材料的价格为不含税价格，收到的增值税专用发票均通过发票验证，予以抵扣进项税额；发出材料成本的计价方法采用先进先出法；产品销售时不结转销售成本，已销商品成本采用月末一次加权平均法，于月末一次计算并结转；库存商品期末余额按照"期初余额＋本期入库－本期发出"确定。

（3）成本核算方法。公司采用品种法核算产品成本，成本计算对象为传感器、传声器两种产品，成本项目为直接材料、直接人工和制造费用。成本计算过程中各项分配率、单价如果除不尽，则按照"四舍五入"保留小数点后两位数字。

（4）公司固定资产折旧采用年限平均法，所采用的折旧政策、累计摊销政策与现行税法规定一致。

（5）无形资产的摊销采用直线法。

（6）公司按月计提银行借款利息。

（7）公司相关税费政策如下：

增值税：公司为增值税一般纳税人，采购材料和销售产品的价格均为不含税价格，增值税税率为13％。

城市维护建设税税率为7％，教育费附加税率为3％。

企业所得税税率为25％。经过主管税务局批准，公司所得税采用按季预缴，年终汇算清缴方式缴纳。

在实训过程中，相关政策可能会做出个别调整，如无特殊说明，按照以上政策执行。

### 四、供应商和客户

公司的相关供应商和客户基本情况分别如表1-2和表1-3所示。

表1-2　供应商基本情况

| 名称 | 社会信用代码 | 地址及电话 | 开户行及账号 | 材料名称 |
|---|---|---|---|---|
| 海星机电有限责任公司 | 91370705M327926947 | 潍坊奎文区成玛路270号；电话87191183 | 中国工商银行文化路支行 4357031726593469635 | 放大器、塑壳 |

(续表)

| 名称 | 社会信用代码 | 地址及电话 | 开户行及账号 | 材料名称 |
|---|---|---|---|---|
| 佳通机电有限责任公司 | 91370303M576712152 | 淄博张店区美朗路005号；电话32060805 | 中国农业银行张店区支行 6744993874992191507 | 切割机 |
| 新海机电有限责任公司 | 91370702M046016261 | 潍坊潍城区宝旺路888号；电话88000216 | 中国银行潍坊市幸福街支行 0447943969048068567 | 线圈、场效应管 |
| 远大有限责任公司 | 91370702M000320433 | 潍坊潍城区亿融路315号；电话84431633 | 中国农业银行仓南路支行 1080076683064782464 | 放大器、塑壳 |
| 潍坊大华有限责任公司 | 91370705M016280852 | 潍坊奎文区泰泽路858号；电话85027675 | 中国银行潍坊市四平路支行 0149680874618687251 | 线圈、场效应管、塑壳、放大器 |

**表1-3 客户基本情况**

| 名称 | 社会信用代码 | 地址及电话 | 开户行及账号 | 商品名称 |
|---|---|---|---|---|
| 山东光明有限责任公司 | 91370305M086064075 | 淄博临淄区联谊路938号；电话83095097 | 中国工商银行临淄支行 1847411001286795092 | 传感器、传声器 |
| 顺达机电公司 | 91370702M303069574 | 潍坊潍城区诺阳路628号；电话61081692 | 中国银行潍坊市青年路支行 8745082583173947553 | 传感器、传声器 |
| 春明机电有限公司 | 91370102M564571181 | 济南历下区泰泽路879号；电话87121863 | 华夏银行历下支行 0350108657068355369 | 传感器、传声器 |
| 长城机械有限责任公司 | 91410701M090256474 | 新乡市格文路315号；电话21709392 | 中国银行新乡分行 5618951688066391453 | 传感器、传声器 |
| 鸿运有限责任公司 | 91370705M721749541 | 潍坊奎文区圣彩路573号；电话57573444 | 中行文化路支行 7395267766185501099 | 传感器、传声器 |
| 东方机械厂 | 91370704M383992189 | 潍坊坊子区腾天路135号；电话12797808 | 中行坊子支行 3817703141016574183 | 传声器、传感器 |
| 北辰机械厂 | 91370705M504483055 | 潍坊奎文区欣立路356号；电话35847995 | 中国工商银行东方路支行 5122612800719709252 | 放大器 |

# 第二部分 岗位实训

# 项目一 出纳岗位会计实训

## 一、出纳岗位职责

（1）办理现金收付和银行结算业务。

（2）审核有关原始凭证，根据编制的收付款记账凭证逐笔、顺序登记现金日记账和银行存款日记账。

（3）按照国家外汇管理和结汇、购汇制度的规定及有关批件，办理外汇出纳业务。

（4）保证库存现金和各种有价证券的安全与完整。

（5）保管有关印章、空白收据（发票）和空白支票。

出纳人员还承担办理银行账户的开立、变更和注销业务，协助相关人员办理营业执照和贷款卡年检等业务。

## 二、出纳岗位素质要求

（1）要有较高的职业道德修养。出纳人员职业道德修养包括爱岗敬业、稳重细心，清正廉洁、洁身自好，遵纪守法、严格监督，实事求是、科学理财，服务热情、保守秘密。

（2）要有较高的法纪水平和守法意识。出纳人员必须熟悉国家、地方和单位各种财经法律法规与制度，具有强烈的守法意识。

（3）要有较强的安全意识。出纳人员先要自我树立牢固的安全意识，再密切配合企业安保部门做好安全防护工作。

（4）具有扎实的财会基本知识与技能。出纳人员应掌握会计核算基本原理，熟悉会计工作基本规范，能够正确处理一般会计业务，具备熟练的点钞、验钞技能和数字运算能力。

【思政园地】党的二十大报告强调："广泛践行社会主义核心价值观。"富强、民主、文明、和谐，自由、平等、公正、法治，爱国、敬业、诚信、友善，这24个字凝练概括了国家的价值目标、社会的价值取向和公民的价值准则，为会计职业道德建设指明了方向。

出纳人员肩负着企业全部货币资金、有价证券的收支、保管和核算任务，掌管着本单位全部票据，是名副其实的"管家"。随着信息技术的不断升级，"大数据、智能化"技术对会计结算产生了重大的影响，各种平台引发结算对接多元化的同时，也使得数据的风险性增加。这就要求出纳人员不仅要具备扎实的业务技能，还要具备良好的职业道德，因此我们一定要树立正确的价值观,做一个坚持准则、有较强的责任心、诚实、公正、稳健、遵守国家法律法规和职业道德规范的会计人。

### 三、出纳岗位工作流程及实训要求

出纳岗位的工作流程如图 1-1 所示。

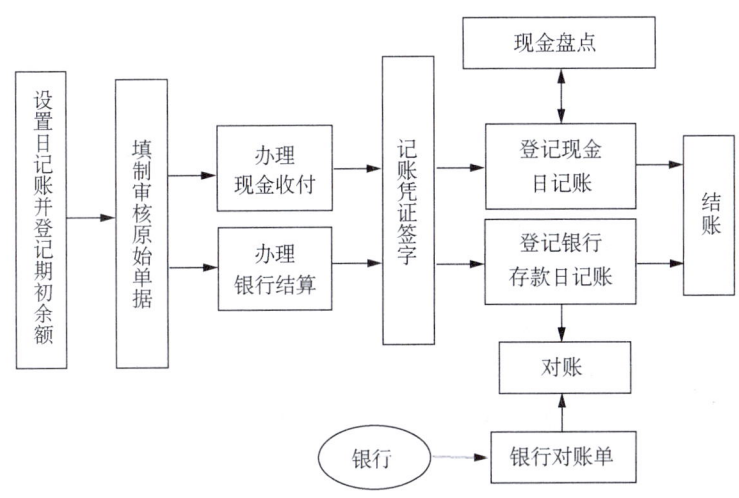

**图 1-1 出纳岗位工作流程**

出纳岗位的实训要求如下:
(1) 设置现金日记账、银行存款日记账,登记期初余额。
(2) 设置库存现金总账、银行存款总账,登记期初余额。
(3) 填制有关原始凭证,熟悉各种银行结算凭证的填写方法。
(4) 根据实训资料中的原始凭证填制记账凭证,并将原始单据附后。
(5) 根据记账凭证及原始凭证逐日逐笔登记现金日记账和银行存款日记账,按日结计日记账余额。根据记账凭证登记总账并完成月末结账工作。
(6) 核对银行存款日记账和银行对账单。
(7) 为增加实训环节的仿真性,本教材部分原始凭证存在错漏之处,请学员在填制记账凭证前注意审核原始凭证。

【注意事项】银行存款日记账至少每月与银行对账单核对一次,如果出现差额,应编制银行存款余额调节表。如没有记账错误,调节后的银行存款日记账余额应与银行对账单余额相等。编制银行存款余额调节表的目的之一是预防银行存款业务中出现的舞弊行为,根据单位会计内部控制制度,银行存款余额调节表应由出纳人员以外的会计人员来编制。但出纳人员也应掌握银行存款余额调节表的编制原理,学员也可以试着编制一下。

### 四、实训资料

潍坊嘉华电子有限责任公司 2019 年 12 月末有关账户余额如下:

(1) 现金日记账余额：1 443 元。

(2) 银行存款日记账中国银行账户存款余额：1 545 960 元。

2020 年 1 月，潍坊嘉华电子有限责任公司发生的与出纳岗位相关的经济业务如下：

【1】2 日，出纳人员洪丽开出中国银行现金支票一张，提取现金 2 000 元备用。

【2】15 日，办公室从潍坊星光文具店购买 A4 复印纸 600 元，增值税税率为 13%，款项通过网上银行支付，复印纸直接交付各部门使用。

【3】16 日，从潍坊大华有限责任公司购买塑壳，申请签发银行汇票，将结算户资金 200 000 元转作银行汇票存款，根据"银行汇票申请书"存根联做相关账务处理。

【4】17 日，采购员赵红从潍坊大华有限责任公司购买塑壳 900 000 只，单价为 0.10 元，放大器 50 000 只，单价为 1.70 元，增值税税率为 13%，使用银行汇票结算，多余款项已存入银行。

【5】20 日，收到山东光明有限责任公司支付的货款 11 300 元。

【6】23 日，对现金进行盘点，发现短缺现金 10 元。经审查确认，现金短缺系出纳人员工作失职所致，根据公司财务制度规定，由出纳人员补足盘亏金额。

【7】23 日，收到开户银行送来 1 月份银行存款对账单，出纳人员应熟悉银行存款余额调节表的编制。

## 五、实训原始凭证

以下是本月出纳岗位所涉及的原始凭证。

温馨提示：原始凭证编号举例说明，"1-1-1"表示项目一第 1 笔经济业务的第 1 张原始凭证。

凭证 1-1-1

| 中国银行<br>现金支票存根（鲁）<br>10403710<br>63030043 | 中国银行现金支票（鲁）　　10400010<br>63030043<br>签发日期（大写）　年　月　日　付款行名称：<br>收　款　人：　　　　　　　　　　出票人账号：9420964141366049011<br>人民币<br>（大写） |
|---|---|
| 附加信息 _____<br>出票日期　　年　月　日<br>收款人：_____<br>金　额：_____<br>用　途：_____<br>单位主管：　　　　会计： | 用途 _____<br>上列款项请从我账户内支付<br>　　　　　　　　　　　　　密码<br>　　　　　　　　　　　　　行号<br>出票人签章：　　　复核：　　　记账： |

凭证 1-2-1（注：增值税专用发票，购买方应该取得两联：抵扣联和发票联，因两者内容一致，故本书后续项目中涉及购买业务取得增值税专用发票时，省略抵扣联，只提供发票联）

3700201130

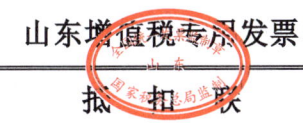

山东增值税专用发票　　No 24571211

抵　扣　联

3700201130
24571211

开票日期：2020年01月15日

| 购买方 | 名　　　称：潍坊嘉华电子有限责任公司<br>纳税人识别号：91370702M944328289<br>地　址、电　话：青年路787号 78830418<br>开户行及账号：中国银行潍坊市青年路支行9420964141366049011 | 密码区 | <25/+<-<2+568735<82182<6>89<br>*115+->9-+9+49-97--9*31>806<br>*4-281*>97-+523>/5-*6302<7<<br>448-3>>6+51/9<5428*19347146 |
|---|---|---|---|
| 货物或应税劳务、服务名称 | 规格型号 | 单位 | 数量 | 单价 | 金额 | 税率 | 税额 |
| *纸及纸制品*A4复印纸 |  | 包 | 30 | 20.00 | 600.00 | 13% | 78.00 |
| 合　　　计 | | | | | ¥600.00 | | ¥78.00 |
| 价税合计（大写） | ⊗陆佰柒拾捌元整 | | | | （小写）¥678.00 | | |
| 销售方 | 名　　　称：潍坊星光文具店<br>纳税人识别号：91370702M480878855<br>地　址、电　话：潍坊奎文区潍州路304号 80672351<br>开户行及账号：中国工商银行潍州路支行4357031726593468972 | 备注 | |
| 收款人：　　复核：刘晓　　开票人：王小双　　销售方：（章） | | | |

凭证1-2-2

## 山东增值税专用发票
No 24571211

3700201130
24571211

3700201130

发票联

开票日期：2020年01月15日

| 购买方 | 名　　称： | 潍坊嘉华电子有限责任公司 | 密码区 | <25/+<-<2+568735<82182<6>89<br>*115+->9-+9+49-97--9*31>806<br>*4-281>*97-+523>/5-*6302<7<<br>448-3>>6+51/9<5428*19347146 |
|---|---|---|---|---|
| | 纳税人识别号： | 91370702M944328289 | | |
| | 地址、电话： | 青年路787号 78830418 | | |
| | 开户行及账号： | 中国银行潍坊市青年路支行 9420964141366049011 | | |

| 货物或应税劳务、服务名称 | 规格型号 | 单位 | 数量 | 单价 | 金额 | 税率 | 税额 |
|---|---|---|---|---|---|---|---|
| *纸及纸制品*A4复印纸 | | 包 | 30 | 20.00 | 600.00 | 13% | 78.00 |
| 合　　计 | | | | | ¥600.00 | | ¥78.00 |

价税合计（大写）　⊗　陆佰柒拾捌元整　　　（小写）¥678.00

| 销售方 | 名　　称： | 潍坊星光文具店 | 备注 | |
|---|---|---|---|---|
| | 纳税人识别号： | 91370702M480878855 | | |
| | 地址、电话： | 潍坊奎文区潍州路304号 80672351 | | |
| | 开户行及账号： | 中国工商银行潍州路支行 4357031726593468972 | | |

收款人：　　　复核：刘晓　　　开票人：王小双　　　销售方（章）

第三联：发票联　购买方记账凭证

---

凭证1-2-3

## 中国银行 BANK OF CHINA
### 国内支付业务付款回单

客户号：66570889　　　　　　　　　　　　　日期：2020年01月15日

| 付款人账号：9420964141366049011 | 收款人账号：4357031726593468972 |
|---|---|
| 付款人名称：潍坊嘉华电子有限责任公司 | 收款人名称：潍坊星光文具店 |
| 付款人开户行：中国银行潍坊市青年路支行 | 收款人开户行：中国工商银行潍州路支行 |

金额：CNY678.00

人民币陆佰柒拾捌元整

报文种类：beps.121.001.01-客户发起普通贷记业务报文

| 业务类型：A100-普通汇兑 | 收支申报号： |
|---|---|
| 业务标识号：2020011521026111 | 业务编号：BNET 5600024770602015/000000000000 |
| 发起行行号：106362005126 | 接收行行号：102862005126 |
| 发起行名称：中国银行潍坊市青年路支行 | 接收行名称：中国工商银行潍州路支行 |
| 扣账账号：9420964141366049011 | 扣账户名：潍坊嘉华电子有限责任公司 |

用途：采购款

附言：

普通汇款业务不保证实时到账。该回单只能作为汇出银行受理汇款的依据，不能作为该笔汇款已入收款人账号的证明。

| 交易机构：10660 | 交易渠道：网上银行 | 交易流水号：6702513675326489 | 经办： |
|---|---|---|---|
| 回单编号：2020011543360315 | 回单验证码：242K3XJZDABK | 打印时间： | 打印次数：　　　次 |

凭证1-2-4

## 潍坊嘉华电子有限责任公司
## 办公用品领用签收表

2020年01月15日

| 品名 | 计量单位 | 数量 | 部门 | 签收人 |
|------|---------|------|------|--------|
| 复印纸 | 包 | 5 | 生产部 | *** |
| 复印纸 | 包 | 20 | 管理部 | *** |
| 复印纸 | 包 | 5 | 专设销售机构 | *** |
|  |  |  |  |  |
|  |  |  |  |  |
|  |  |  |  |  |
|  |  |  |  |  |

经手人： 于力健　　　　　　　　　　　　保管员： 温暖

凭证1-3-1

## 中国银行 汇票申请书（存根） 1

申请日期：2020 年 01 月 16 日　第132号

| 申请人 | 潍坊嘉华电子有限责任公司 | 收款人 | 潍坊大华有限责任公司 |
|--------|--------------------------|--------|----------------------|
| 账号或住址 | 9420964141366049011 | 账号或住址 | 0149680874618687251 |
| 用途 | 采购材料 | 代理付款行 | 中国银行潍坊市四平路支行 |
| 汇票金额 | 人民币（大写）贰拾万元整 | 千百十万千百十元角 ¥ 2 0 0 0 0 0 0 0 |  |

上列款项从我账号内支付

（潍坊嘉华电子有限责任公司 财务专用章）　　雷鸣印

科　目_____
对方科目_____

财务主管　　复核　　经办

此联汇款人留存

凭证1-4-1

3700151140

山东增值税专用发票    No 24601237

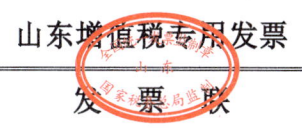

发 票 联

3700151140
24601237
开票日期：2020年01月17日

| 购买方 | 名　称： | 潍坊嘉华电子有限责任公司 | | | | 密码区 | >1066737/8>57*/1+<-3>2455/3<br>*30462->6+/27L7+**5-*0585327<br>567>7/334>07611362/37774-95<br>7<779651>+4+/5>7<33+7/229>2 | | |
|---|---|---|---|---|---|---|---|---|---|
| | 纳税人识别号： | 91370702M944328289 | | | | | | | |
| | 地址、电话： | 青年路787号 78830418 | | | | | | | |
| | 开户行及账号： | 中国银行潍坊市青年路支行9420964141366049011 | | | | | | | |
| 货物或应税劳务、服务名称 | | 规格型号 | 单位 | 数量 | 单价 | 金额 | | 税率 | 税额 |
| *电声器件*塑壳 | | SC408 | 只 | 900000 | 0.10 | 90000.00 | | 13% | 11700.00 |
| *电声器件*放大器 | | AD822 | 只 | 50000 | 1.70 | 85000.00 | | 13% | 11050.00 |
| 合　计 | | | | | | 175000.00 | | | ¥22750.00 |
| 价税合计（大写） | | ⊗ 壹拾玖万柒仟柒佰伍拾元整 | | | | （小写）¥197750.00 | | | |
| 销售方 | 名　称： | 潍坊大华有限责任公司 | | | | 备注 | | | |
| | 纳税人识别号： | 91370705M016280852 | | | | | | | |
| | 地址、电话： | 潍坊奎文区泰泽路858号 85027675 | | | | | | | |
| | 开户行及账号： | 中国银行潍坊市四平路支行0149680874618687251 | | | | | | | |
| 收款人： | | 复核：陈挺 | | 开票人：张艺轩 | | 销售方：（章） | | | |

凭证1-4-2

### 潍坊嘉华电子有限责任公司
### 材　料　入　库　单

发票号码：24601237　　　　　　　　　　　　　　　　　　　　编　号：101
供应单位：潍坊大华有限责任公司　　2020年01月17日　　　收料仓库：原材料库

| 序号 | 名　称 | 规格型号 | 单位 | 数量 | | 实际成本(元) | | | |
|---|---|---|---|---|---|---|---|---|---|
| | | | | | | 买价 | | 运杂费 | 合计 | 单位成本 |
| | | | | 应收 | 实收 | 单价 | 金额 | | | |
| 1 | 塑壳 | SC408 | 只 | 900 000 | 900 000 | 0.10 | 90 000.00 | | 90 000.00 | 0.10 |
| 2 | 放大器 | AD822 | 只 | 50 000 | 50 000 | 1.70 | 85 000.00 | | 85 000.00 | 1.70 |
| | 合　计 | | | 950 000 | 950 000 | | 175 000.00 | | 175 000.00 | |

采购员： 赵 红　　　记账： 王 芸　　　检验员： 温 暖　　　制单： 孟红伟

凭证1-4-3

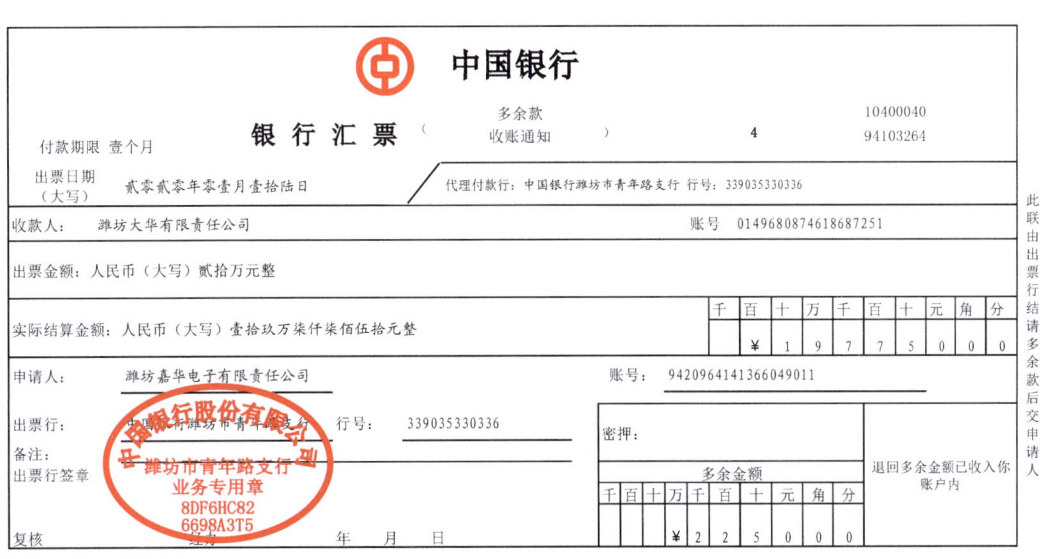

凭证1-5-1

## 国内支付业务收款回单

| | | | |
|---|---|---|---|
| 客户号：66570889 | | 日期：2020年01月20日 | |
| 收款人账号：9420964141366049011 | | 付款人账号：1847411001286795092 | |
| 收款人名称：潍坊嘉华电子有限责任公司 | | 付款人名称：山东光明有限责任公司 | |
| 收款人开户行：中国银行潍坊市青年路支行 | | 付款人开户行：中国工商银行淄博支行 | |
| 金额：CNY11,300.00 | | | |
| 人民币壹万壹仟叁佰元整 | | | |
| 报文种类：hvps.111.001.01-客户发起汇兑业务报文 | | | |
| 业务类型：A100-普通汇兑 | | 收支申报号： | |
| 业务标识号：2020012021026132 | | 业务编号： | |
| 发起行号：104597362816 | | 接收行号：106362005126 | |
| 发起行名称：中国工商银行淄博支行 | | 接收行名称：中国银行潍坊市青年路支行 | |
| 入账账号：9420964141366049011 | | 入账户名：潍坊嘉华电子有限责任公司 | |
| 用途：货款 | | | |
| 附言： | | | |
| 如您已通过银行网点取得相应纸质回单，请注意核对，勿重复记账！ | | | |
| 交易机构：10660 | 交易渠道：网上银行 | 交易流水号：2145513675356790 | 经办： |
| 回单编号：2020012043360311 | 回单验证码：205T1ZHMCABK | 打印时间： | 打印次数：次 |

凭证1-6-1

## 潍坊嘉华电子有限责任公司
## 现金盘点报告表

填报单位：财务部　　　　　　　2020年01月23日　　　　　　　　　单位：元

| 实存金额 | 账存金额 | 盈亏情况 | | 备注 |
| --- | --- | --- | --- | --- |
| | | 盘盈数 | 盘亏数 | |
| 438.70 | 448.70 | | 10.00 | |
| | | | | 处理意见：出纳人员补足 |
| | | | | |
| | | | | |

盘点人：　刘　岚　　　　　　　　　　　　　出纳：　洪　丽

凭证1-7-1

## 中国银行潍坊市青年路支行对账单

户名：潍坊嘉华电子有限责任公司　　　　　　　　　　　　第　1　页

账号：9420964141366049011　　　2020年01月23日　　　利率：0.35%

| 日期 | 摘要 | 结算凭证 | | 借方 | 贷方 | 余额 |
| --- | --- | --- | --- | --- | --- | --- |
| | | 种类 | 字号 | | | |
| | 上页余额 | | | | | 1 545 960.00 |
| 2020年1月2日 | 现金支票 | | | 2 000.00 | | 1 543 960.00 |
| 2020年1月15日 | 网银支付 | | | 678.00 | | 1 543 312.00 |
| 2020年1月16日 | 银行汇票 | | | 200 000.00 | | 1 343 312.00 |
| 2020年1月17日 | 结算退款 | | | | 2 250.00 | 1 345 562.00 |
| 2020年1月20日 | 委托收款 | | | | 11 300.00 | 1 356 832.00 |
| 2020年1月23日 | 委托付款 | | | 256.00 | | 1 356 576.00 |
| | | | | | | 1 356 576.00 |

凭证1-7-2

# 潍坊嘉华电子有限责任公司
# 银行存款余额调节表

年　月　日　　　　　　　　　　　　　　　单位：元

| 企业银行存款日记账余额 | | 银行对账单余额 | |
|---|---|---|---|
| 加： | | 加： | |
| 减： | | 减： | |
| 调节后余额 | | 节后余额 | |

复核：　　　　　　　　　　　　　　　　　　　　　制表人：

# 项目二　往来核算岗位会计实训

## 一、往来核算岗位职责

(1) 执行企业往来款项清算制度。对购销业务以外的暂收、暂付、应收、应付、备用金等往来款项建立必要的清算制度。

(2) 办理往来款项的结算业务。对购销业务以外的各种应收、暂付款项要及时催收结算。对确实无法收回的应收款项和无法支付的应付款项,应查明原因,按照有关规定报经批准后处理。

(3) 负责往来结算的明细核算。对购销业务以外的各项往来款项,要按照单位和个人分户设置明细账,根据审核后的记账凭证逐笔顺序登记,经常核对余额。

(4) 按规定的方法和比例提取坏账准备金并进行账务处理。

## 二、往来核算岗位素质要求

(1) 熟悉往来核算相关制度。
(2) 掌握往来核算相关知识。
(3) 具备良好的职业道德素质。

【思政园地】习近平总书记在党的二十大报告中提出:"我国发展进入战略机遇和风险挑战并存、不确定难预料因素增多的时期,各种'黑天鹅''灰犀牛'事件随时可能发生。我们必须增强忧患意识,坚持底线思维,做到居安思危、未雨绸缪,准备经受风高浪急甚至惊涛骇浪的重大考验。"《诗经·豳风·鸱鸮》也提到:"迨天之未阴雨,彻彼桑土,绸缪牖户。"在竞争日益激烈的市场经济条件下,企业为提高竞争力,不得不采用赊销方式。然而企业要生存和发展必须要有现金流量,必须加强应收账款的清收力度,否则,企业应收款项占款过大、时间太长,企业资金链断裂,可能会导致企业被债权人申请破产的严重后果。因此,企业要未雨绸缪,管好钱袋子,用制度来束缚,责任落实到人。

## 三、往来核算岗位的工作流程及实训要求

往来核算岗位的工作流程如图 2-1 所示。

往来核算岗位实训要求如下:

(1) 设置应收及预付款项往来结算账户总账和明细账,包括"应收票据""应收账款""预付账款""其他应收款"等,登记期初余额。

(2) 设置应付及预收款项往来结算账户总账和明细账,包括"应付票据""应付账款"

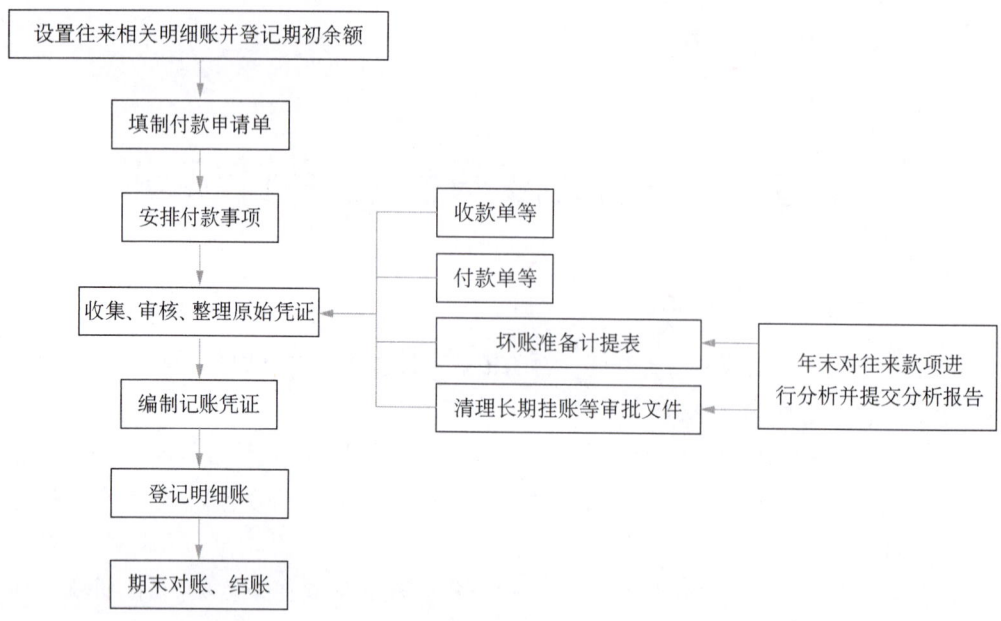

图 2-1　往来核算岗位的工作流程

"预收账款""其他应付款"等,登记期初余额。

(3) 设置其他账户包括"坏账准备""信用减值损失"等明细账和总账,并登记期初余额。

(4) 根据提供的原始凭证填制记账凭证,并将原始单据附后。

(5) 根据记账凭证及原始凭证登记往来相关明细账和总账。

(6) 根据应收款项期末余额,计提坏账准备,编制记账凭证。

(7) 月末,核对明细账和总账金额是否一致,如不一致,查明原因并进行更正。

## 四、实训资料

(一) 应收及预付业务

1. 期初余额

潍坊嘉华电子有限责任公司 2020 年 2 月初有关的往来账户期初余额如表 2-1 所示。

表 2-1　2020 年 2 月初有关的往来账户期初余额

单位:元

| 总账科目 | 明细科目 | 借方期初余额 | 贷方期初余额 |
| --- | --- | --- | --- |
| 应收账款 |  | 628 054.00 |  |
|  | 长城机械有限责任公司 | 339 000.00 |  |
|  | 山东光明有限责任公司 | 282 500.00 |  |
|  | 东方机械公司 | 904.00 |  |

(续表)

| 总账科目 | 明细科目 | 借方期初余额 | 贷方期初余额 |
|---|---|---|---|
|  | 鸿运有限责任公司 | 5 650.00 |  |
| 应收票据 |  | 22 600.00 |  |
|  | 顺达机电公司（银行承兑汇票） | 22 600.00 |  |
| 坏账准备 | 应收账款 |  | 31 402.70 |

2. 本期发生的经济业务

2020年2月，潍坊嘉华电子有限责任公司发生的与应收及预付款项相关的业务如下：

【1】1日，鸿运有限责任公司交来转账支票1张，支付前欠款项，出纳人员已办理了进账手续。

【2】4日，向春明机电有限公司销售传感器10 000件，单价为10元，增值税税率为13%，当日商品发出，客户收到商品并验收入库，款项未收。

【3】6日，向鸿运有限责任公司销售传感器5 000件，单价为10元，增值税税率为13%，当日商品发出，客户收到商品并验收入库。双方约定现金折扣条件为"2/10，N/20"，且计算现金折扣时不考虑增值税；嘉华公司基于对客户的了解，预计客户10天内付款的概率为90%，10天后付款的概率为10%。

【4】8日，根据合同开出转账支票，预付海星机电有限责任公司材料款10 000元。

【5】14日，鸿运有限责任公司的款项已经收到。

【6】14日，销售机构王海出差，预借差旅费3 000元，现金已付讫。

【7】20日，销售机构王海出差归来，报销差旅费，余款以现金收付。按照规定，王海在出差期间可以享受每日150元的出差补贴，在来回路上可以享受每日100元的市内交通补贴。

【8】22日，确认东方机械公司原欠款项904元为坏账。

【9】28日，根据应收账款余额的5%计提本年的坏账准备（为练习需要，月末视同年末处理）。

(二) 应付及预收业务

1. 期初余额

潍坊嘉华电子有限责任公司2020年3月初有关的往来账户期初余额如表2-2所示。

表2-2　2020年3月初有关的往来账户期初余额

单位：元

| 总账科目 | 明细科目 | 借方期初余额 | 贷方期初余额 |
|---|---|---|---|
| 应付账款 |  |  | 23 600.00 |
|  | 新海机电有限责任公司 |  | 22 600.00 |

(续表)

| 总账科目 | 明细科目 | 借方期初余额 | 贷方期初余额 |
|---|---|---|---|
|  | 大宇公司 |  | 1 000.00 |
| 应付票据 |  |  | 11 300.00 |
|  | 潍坊大华有限责任公司 |  | 11 300.00 |
| 其他应付款 |  | 2 000.00 |  |
|  | 东升公司 | 2 000.00 |  |

2. 本期发生的经济业务

2020年3月，潍坊嘉华电子有限责任公司发生的与应付及预收款项相关的经济业务如下（为便于理解，3月份顺接2月份的业务和凭证编号）：

【10】1日，采购部向海星机电有限责任公司购入塑壳100 000只，单价为0.11元，价款为11 000元，增值税额为1 430元；购入放大器100 000只，单价为1.60元，价款为160 000元，增值税额为20 800元。材料已经验收入库，款项未支付。

【11】2日，出纳人员签发转账支票一张，支付新海机电有限责任公司2月货款22 600元。

【12】6日，出纳人员通过网银支付1日所欠海星机电有限责任公司货款。

【13】8日，出纳人员根据合同通过网银预收顺达机电公司货款10 000元。

【14】10日，因大宇公司撤销，公司转销无法支付的应付账款1 000元。

【15】12日，2019年12月12日签发的银行承兑汇票到期，公司支付潍坊大华有限责任公司11 300元。

【16】31日，公司分摊本月的租金费用（公司自2020年1月1日起，以经营租赁方式从东升公司租入管理用办公设备一台，每月租金为500元，1月1日已经支付全部租金）。

### 五、实训原始凭证

（一）应收及预付业务原始凭证

以下是本月往来核算岗位应收及预付业务所涉及的原始凭证。

凭证2-1-1

## 中国银行 进 账 单（收账通知）

2020年 02月01日　　　　　　　　　　No 29006175

| 出票人 | 全　称 | 鸿运有限责任公司 | 收款人 | 全　称 | 潍坊嘉华电子有限责任公司 | 此联是收款人开户银行给收款人的收账通知 |
| --- | --- | --- | --- | --- | --- | --- |
| | 账　号 | 7395267766185501099 | | 账　号 | 9420964141366049011 | |
| | 开户银行 | 中行文化路支行 | | 开户银行 | 中国银行潍坊市青年路支行 | |
| 金额 | 人民币（大写） | 伍仟陆佰伍拾元整 | | | ￥ 5 6 5 0 0 0 （千百十万千百十元角分） | |
| 票据种类 | 转账支票 | 票据张数 | 1 | | （中国银行股份有限公司 潍坊市青年路支行 业务专用章 8DF6HC82 6698A3T5） | |
| 票据号码 | | 68878443 | | | | |
| | 复核　　记账 | | | | 收款单位开户行盖章 | |

凭证2-2-1

## 潍坊嘉华电子有限责任公司
## 出　　库　　单

No.6741904

购货单位：春明机电有限公司　　　　2020年 02月04日

| 编号 | 商品名称及规格 | 单位 | 数量 | 备注 |
| --- | --- | --- | --- | --- |
| 1 | 传感器 | 件 | 10 000 | |
| | | | | |
| | | | | |
| | | | | |

保管员：　严　谨　　　　记账：　王　芸　　　　制单：　孟红伟

第二联 记账联

凭证2-2-2

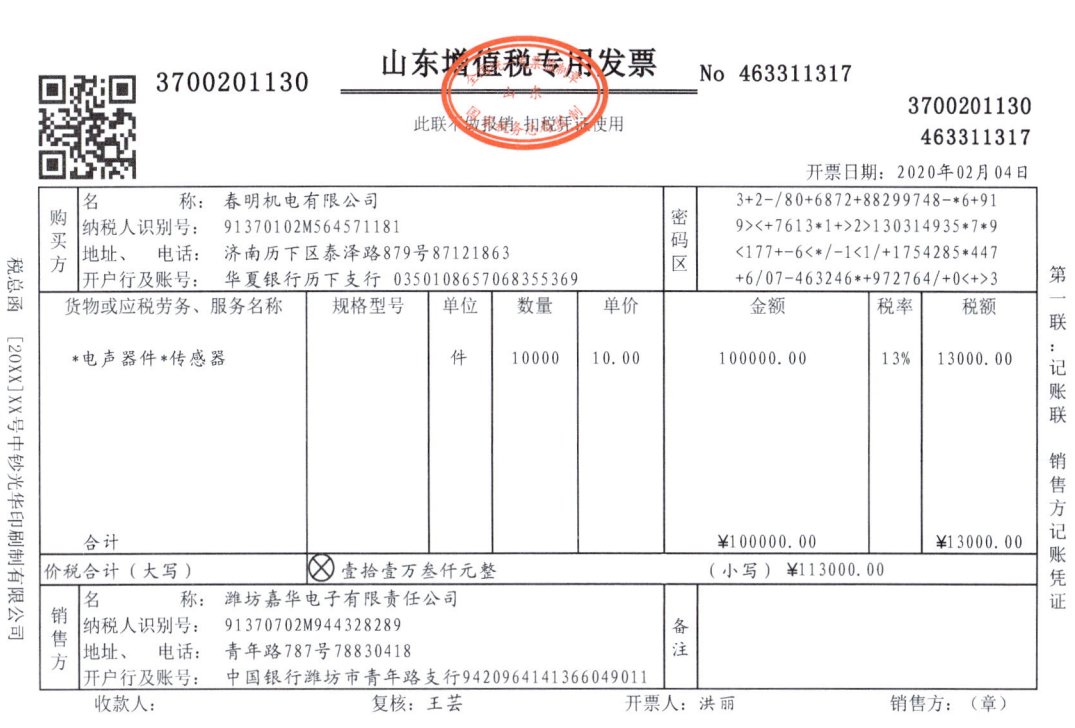

凭证2-3-1

## 潍坊嘉华电子有限责任公司
### 出　库　单

No.6741905

购货单位：鸿运有限责任公司　　　2020年02月06日

| 编号 | 商品名称及规格 | 单位 | 数量 | 备注 |
|---|---|---|---|---|
| 1 | 传感器 | 件 | 5 000 | |
| | | | | |
| | | | | |
| | | | | |

保管员：严谨　　记账：王芸　　制单：孟红伟

凭证2-3-2

## 山东增值税专用发票

3700201130   No 463311318

3700201130
463311318

此联不作报销、抵扣凭证使用

开票日期：2020年02月06日

| 购买方 | 名称：鸿运有限责任公司<br>纳税人识别号：91370705M721749541<br>地址、电话：潍坊奎文区圣彩路573号 57573444<br>开户行及账号：中行文化路支行7395267766185501099 | 密码区 | 3/++089-8191*<+9<--28+1075/<br>*/40<1-2916/*>/38152659*0//<br>/75+4*1/*9><153>+667/9447-0<br>8*-9207468>*<95*4/>89877>4/ |
|---|---|---|---|

| 货物或应税劳务、服务名称 | 规格型号 | 单位 | 数量 | 单价 | 金额 | 税率 | 税额 |
|---|---|---|---|---|---|---|---|
| *电声器件*传感器 |  | 件 | 5000 | 10.00 | 50000.00 | 13% | 6500.00 |
| 合计 |  |  |  |  | ¥50000.00 |  | ¥6500.00 |

价税合计（大写）  伍万陆仟伍佰元整   （小写）¥56500.00

| 销售方 | 名称：潍坊嘉华电子有限责任公司<br>纳税人识别号：91370702M944328289<br>地址、电话：青年路787号 78830418<br>开户行及账号：中国银行潍坊市青年路支行9420964141366049011 | 备注 |  |
|---|---|---|---|

收款人：　　　　复核：王芸　　　　开票人：洪丽　　　　销售方：（章）

---

凭证2-4-1

# 潍坊嘉华电子有限责任公司
# 付款申请单

申请日期：2020年02月08日

| 申请部门 | 采购部 | 申请人 | 赵红 |
|---|---|---|---|
| 申请事由 | 预付材料款 | | |
| 收款单位 | 海星机电有限责任公司 | 收款人 | 赵雄 |
| 申请付款金额 | ¥10 000.00 | 人民币（大写） | 壹万元整 |
| 付款方式 | 转账支票 | | |
| 备注 | | | |

主管领导：雷鸣　　　　　　　　　　财务负责人：刘岚

凭证2-4-2

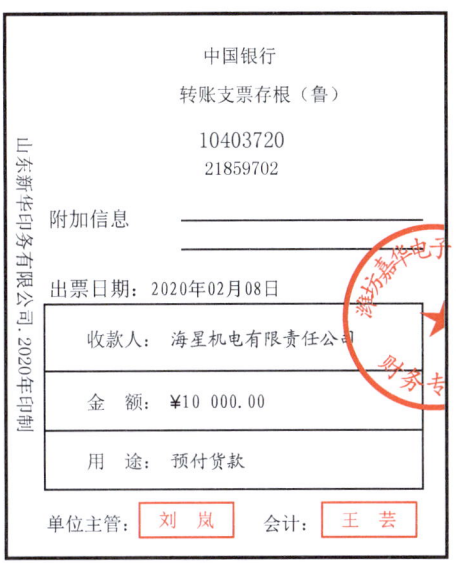

凭证2-5-1

## 中国银行 国内支付业务收款回单
BANK OF CHINA

| 客户号：66570889 | 日期：2020年02月14日 |
|---|---|
| 收款人账号：9420964141366049011 | 付款人账号：7395267766185501099 |
| 收款人名称：潍坊嘉华电子有限责任公司 | 付款人名称：鸿运有限责任公司 |
| 收款人开户行：中国银行潍坊市青年路支行 | 付款人开户行：中国银行文化路支行 |
| 金额：CNY55,500.00 | |
| 人民币伍万伍仟伍佰元整 | |
| 报文种类：hvps.111.001.01-客户发起汇兑业务报文 | |
| 业务类型：A100-普通汇兑 | 收支申报号： |
| 业务标识号：2020021421026112 | 业务编号： |
| 发起行行号：106362005133 | 接收行行号：106362005126 |
| 发起行名称：中国银行文化路支行 | 接收行名称：中国银行潍坊市青年路支行 |
| 入账账号：9420964141366049011 | 入账户名：潍坊嘉华电子有限责任公司 |
| 用途：货款 | |
| 附言： | |
| 如您已通过银行网点取得相应纸质回单，请注意核对，勿重复记账！ | |
| 交易机构：10630 | 交易渠道：网上银行 | 交易流水号：2147513675325785 | 经办： |
| 回单编号：2020021443360111 | 回单验证码：312M6XJSABN | 打印时间： | 打印次数：次 |

凭证2-6-1

# 潍坊嘉华电子有限责任公司
## 借 款 单

2020年02月14日

| 借款人 | 销售机构　王海 | | | | |
|---|---|---|---|---|---|
| 借款事由 | 出差借款 | | | | |
| 借款数额 | ¥3 000.00 | 人民币（大写） | 叁仟元整 | | |
| 借款时间 | 2020年02月14日 | 还款时间 | | | |
| 还款方式 | 差旅报销凭证 | | | | |
| 领导核批 | 会计主管人员核批 | 付款记录 | | 借款人 | 王海 |
| 雷鸣 | 刘岚 | 现金付讫 | | | |

凭证2-7-1（注：限于篇幅，本业务差旅费报销仅提供部分原始凭证）

## 潍坊嘉华电子有限责任公司
### 差 旅 费 报 销 单

报销部门：销售机构　　　　　2020年02月20日　　　　　附件共　3　张

| 姓　名 | | 王海 | | 出差事由 | | 市场推广学习 | | | |
|---|---|---|---|---|---|---|---|---|---|
| 出差起止日期自 2020 年 2 月 15 日 起 至2020 年 2 月 19 日止共 5 天 | | | | | | | | | |
| 日期 | | 起讫地点 | 天数 | 机票费 | 车船费 | 市内交通费 | 住宿费 | 出差补助 | 其他 | 小计 |
| 月 | 日 | | | | | | | | | |
| 2 | 15 | 潍坊—北京 | 4 | | 259.00 | 100.00 | 1 600.00 | 600.00 | | 2 559.00 |
| 2 | 19 | 北京—潍坊 | 1 | | 259.00 | 100.00 | | 150.00 | | 509.00 |
| | | | | | | | 现金付讫 | | | |
| | | | | 合　　计 | | | | | | ¥3 068.00 |
| 总计金额（大写）叁仟零陆拾捌元整 | | | | 预支 ¥3 000.00 元 | | | 补款 ¥68.00 元 | | | |

财务主管　刘岚　　　出纳　洪丽　　　复核　刘岚　　　报销人：王海

凭证 2-7-2                                          凭证 2-7-3

凭证 2-7-4

| 货物或应税劳务、服务名称 | 规格型号 | 单位 | 数量 | 单价 | 金额 | 税率 | 税额 |
|---|---|---|---|---|---|---|---|
| *住宿服务*住宿费 | | | 4 | 377.36 | 1509.44 | 6% | 90.56 |
| 合　　　　计 | | | | | ￥1509.44 | | ￥90.56 |

北京增值税专用发票　No 05337269
1100201130
开票日期：2020年02月19日

购买方　名称：潍坊嘉华电子有限责任公司
纳税人识别号：91370702M944328289
地址、电话：青年路787号78830418
开户行及账号：中国银行潍坊市青年路支行9420964141366049011

密码区：
1*311160929/186*80+3-+15437
>3+/+>9+3*708*6>559/838633>
-349+2<00*264906+6++244<+61
/175/<7*+15<63<</<00411+108

价税合计（大写）：壹仟陆佰元整　　　（小写）￥1600.00

销售方　名称：北京丰湖酒店
纳税人识别号：911101011130705315
地址、电话：北京市嘉虹路082号98468121
开户行及账号：工行北京市赛唯路支行2484734404951777366

收款人：　　复核：林山　　开票人：杨武　　销售方：（章）

凭证2-8-1

# 潍坊嘉华电子有限责任公司
# 坏账损失确认书

因东方机械公司经营出现问题，2019年销售给该公司800个传感器的价税款合计904元，经确认无法收回。该情况符合公司坏账损失确认条件，现确认为坏账。

单位负责人：雷鸣　　财务负责人：刘岚

潍坊嘉华电子有限责任公司
2020年02月22日

凭证2-9-1

## 潍坊嘉华电子有限责任公司
## 坏账准备提取计算表

年　　月　　日　　　　　　　　　　单位：元

| 应收账款期初余额 | | 坏账准备期初数 | |
|---|---|---|---|
| 应收账款本期增加金额 | | 坏账准备本期增加数 | |
| 应收账款本期减少金额 | | 坏账准备本期减少数 | |
| 应收账款期末余额 | | 坏账准备期末余额 | |
| 坏账准备计提比例 | | 本期提取坏账准备数额 | |
| 期末应提坏账准备数额 | | | |

审核：　　　　　　　　　　　　　　制单：

（二）应付及预收业务原始凭证

以下是本月往来核算岗位应付及预收业务所涉及的原始凭证。

凭证2-10-1

山东增值税专用发票

3700201130　　　　　　　　　　No 24650408

发票联

开票日期：2020年03月01日

| 购买方 | 名　称：潍坊嘉华电子有限责任公司 纳税人识别号：91370702M944328289 地　址、电　话：青年路787号78830418 开户行及账号：中国银行潍坊市青年路支行9420964141366049011 | 密码区 | 1-4<8479*62>7/*3/-/-9<+4/37 80<228/031-890245010+>>-919 /615>+-08-02*0+44/*>5<34074 9-28082+33<>*41/489-<068-2> |
|---|---|---|---|

| 货物或应税劳务、服务名称 | 规格型号 | 单位 | 数量 | 单价 | 金额 | 税率 | 税额 |
|---|---|---|---|---|---|---|---|
| *电声器件*塑壳 | SC408 | 只 | 100000 | 0.11 | 11000.00 | 13% | 1430.00 |
| *电声器件*放大器 | AD822 | 只 | 100000 | 1.60 | 160000.00 | 13% | 20800.00 |
| 合　计 | | | | | ¥171000.00 | | ¥22230.00 |

价税合计（大写）　　○壹拾玖万叁仟贰佰叁拾元整　　　　（小写）¥193230.00

| 销售方 | 名　称：海星机电有限责任公司 纳税人识别号：91370705M327926947 地　址、电　话：潍坊奎文区成玛路270号17191183 开户行及账号：中国工商银行文化路支行4357031726593469635 | 备注 |  |
|---|---|---|---|

收款人：　　　　复核：孙婉　　　　开票人：张俊威　　　　销售方：（章）

凭证 2-10-2

## 潍坊嘉华电子有限责任公司
## 材料入库单

发票号码：24680408　　　　　　　　　　　　　　　　　　　　　　　编　号：0301
供应单位：海星机电有限责任公司　　　2020年 03月01日　　　　　　收料仓库：原材料库

| 序号 | 名称 | 规格型号 | 单位 | 数量 | | 实际成本(元) | | | | |
| | | | | | | 买价 | | 运杂费 | 合计 | 单位成本 |
| | | | | 应收 | 实收 | 单价 | 金额 | | | |
|---|---|---|---|---|---|---|---|---|---|---|
| 1 | 塑壳 | SC408 | 只 | 100 000 | 100 000 | 0.11 | 11 000.00 | | 11 000.00 | 0.10 |
| 2 | 放大器 | AD822 | 只 | 100 000 | 100 000 | 1.60 | 160 000.00 | | 160 000.00 | 1.60 |
| | 合　　计 | | | 200 000 | 200 000 | | | | | |

采购员：　赵 红　　　　　记账：　王 芸　　　　　检验员：　温 暖　　　　　制单：　孟红伟

---

凭证 2-11-1

## 潍坊嘉华电子有限责任公司
## 付款申请单

申请日期：2020年03月02日

| 申请部门 | 采购部 | 申请人 | 赵红 |
|---|---|---|---|
| 申请事由 | 结算材料款 | | |
| 收款单位 | 新海机电有限责任公司 | 收款人 | 郭婷 |
| 申请付款金额 | ¥22 600.00 | 人民币（大写） | 贰万贰仟陆佰元整 |
| 付款方式 | 转账支票 | | |
| 备注 | | | |

主管领导：　雷 鸣　　　　　　　　　　财务负责人：　刘 岚

凭证 2-11-2

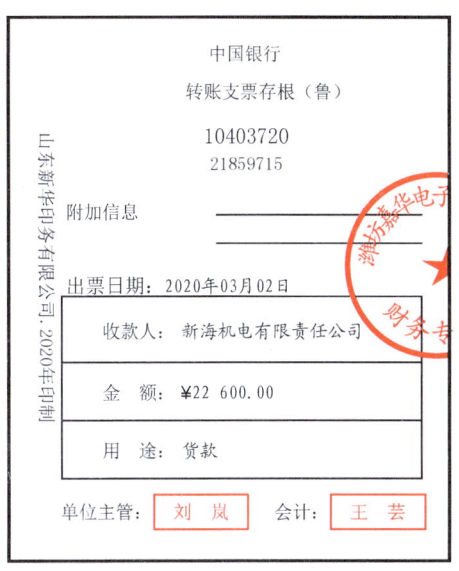

凭证 2-12-1

# 潍坊嘉华电子有限责任公司
# 付款申请单

申请日期：2020年03月06日

| 申请部门 | 采购部 | 申请人 | 赵红 |
|---|---|---|---|
| 申请事由 | 结算材料款 | | |
| 收款单位 | 海星机电有限责任公司 | 收款人 | 海星机电有限责任公司 |
| 申请付款金额 | ¥193 230.00 | 人民币（大写） | 壹拾玖万叁仟贰佰叁拾元整 |
| 付款方式 | 网银 | | |
| 备注 | | | |

主管领导：雷鸣　　　　　　　　财务负责人：刘岚

凭证2-12-2

## 中国银行 国内支付业务付款回单
BANK OF CHINA

| 客户号：66570889 | 日期：2020年03月06日 |
|---|---|
| 付款人账号：9420964141366049011 | 收款人账号：4357031726593469635 |
| 付款人名称：潍坊嘉华电子有限责任公司 | 收款人名称：海星机电有限责任公司 |
| 付款人开户行：中国银行潍坊市青年路支行 | 收款人开户行：中国工商银行文化路支行 |
| 金额：CNY193 230.00 | |
| 人民币壹拾玖万叁仟贰佰叁拾元整 | |

报文种类：beps.121.001.01-客户发起普通贷记业务报文
业务类型：A100-普通汇兑　　　　　　　　收支申报号：
业务标识号：2020030621026112　　　　　业务编号：BNET 5600024770603066/000000000000
发起行行号：106362005126　　　　　　　接收行行号：109847365441
发起行名称：中国银行潍坊市青年路支行　接收行名称：中国工商银行文化路支行
扣账账号：9420964141366049011　　　　扣账户名：潍坊嘉华电子有限责任公司
用途：采购款
附言：

普通汇款业务不保证实时到账。该回单只能作为汇出银行受理汇款的依据，不能作为该笔汇款已入收款人账号的证明。

交易机构：10630　　交易渠道：网上银行　　交易流水号：6712523675323789　　经办：

回单编号：2020030643360306　　回单验证码：114P1XJZDVRK　　打印时间：　　打印次数：　　次

---

凭证2-13-1

## 中国银行 国内支付业务收款回单
BANK OF CHINA

| 客户号：66570889 | 日期：2020年03月08日 |
|---|---|
| 收款人账号：9420964141366049011 | 付款人账号：8745082583173947553 |
| 收款人名称：潍坊嘉华电子有限责任公司 | 付款人名称：顺达机电公司 |
| 收款人开户行：中国银行潍坊市青年路支行 | 付款人开户行：中国银行潍坊市青年路支行 |
| 金额：CNY10 000.00 | |
| 人民币壹万元整 | |

报文种类：hvps.111.001.01-客户发起汇兑业务报文
业务类型：A100-普通汇兑　　　　　　　　收支申报号：
业务标识号：2020030821026115　　　　　业务编号：
发起行行号：106362005126　　　　　　　接收行行号：106362005126
发起行名称：中国银行潍坊市青年路支行　接收行名称：中国银行潍坊市青年路支行
入账账号：9420964141366049011　　　　入账户名：潍坊嘉华电子有限责任公司
用途：预付货款
附言：

如您已通过银行网点取得相应纸质回单，请注意核对，勿重复记账！

交易机构：10630　　交易渠道：网上银行　　交易流水号：2145513675327989　　经办：

回单编号：2020030843360308　　回单验证码：155G3TEWDABK　　打印时间：　　打印次数：　　次

凭证 2-14-1

# 潍坊嘉华电子有限责任公司
## 应付账款转销确认书

　　因大宇公司撤销，无法联系。原从该公司的采购材料价税款合计 1 000元，已经无法支付，经总经理批准，将该笔应付款项予以注销。

单位负责人：　雷　鸣　　　财务负责人：　刘　岚

潍坊嘉华电子有限责任公司
2020年03月10日

凭证 2-15-1

## 中国银行　委托收款凭证（付款通知）

委托日期　2020年03月12日

| 业务类型 | | 委托收款（邮划 □　电划 □） | | | 托收承付（邮划 □　电划 □） | | | |
|---|---|---|---|---|---|---|---|---|
| 付款人 | 全　称 | 潍坊嘉华电子有限责任公司 | | 收款人 | 全　称 | 潍坊大华有限责任公司 | | |
| | 账　号 | 94209641413660490011 | | | 账　号 | 01496808746186687251 | | |
| | 地　址 | 山东省潍坊市 | 开户行 | 中行青年路支行 | 地　址 | 山东省潍坊市 | 开户行 | 中行四平路支行 |
| 托收金额 | 人民币（大写） | 壹万壹仟叁佰元整 | | | | | ¥ 11300.00 | |
| 款项内容 | | 货款 | 委托收款凭据名称 | 银行承兑汇票 | 附寄单证张数 | | 2 | |
| 商品发运情况 | | | | | 合同名称号码 | | | |
| 备注： | | | 款项收妥日期 | | 付款人开户银行签章：（中国银行股份有限公司潍坊市青年路支行业务专用章 8DF6HC82 6698A3T5） | | | |
| 复核： | | 记账： | | 2020年03月12日 | | | 2020年03月12日 | |

凭证 2-16-1

## 潍坊嘉华电子有限责任公司
## 租金分摊计算表

2020年03月31日　　　　　　　　　　　　　　　　单位：元

| 设备名称 | 使用部门 | 费用科目 | 租金金额 | 备注 |
|---|---|---|---|---|
| 大型打印复写一体机 | 办公室 | 管理费用 | 500.00 | 经营租赁，按月分摊 |
| | | | | |
| | | | | |
| | | | | |
| 合计 | | | 500.00 | — |

审核：　刘岚　　　　　　　　　　　　　　　　制表：　王芸

# 项目三　投资核算岗位会计实训

## 一、投资核算岗位职责

（1）拟订对外投资的计划。根据决策管理者的意图、企业资金的情况和理财的需要，做好各项股票投资、债券投资和其他企业联营、合营的具体实施计划。

（2）协同有关职能部门做好对外投资工作。选择投资证券并做好款项的结算工作，与其他企业联营、合营的，应办理款项的支付及结算等工作。

（3）保管有价证券、相关协议及合同，对持有的各种证券按期、及时计算应收股利和应收利息，计算债券的溢折价摊销额和确认投资收益。

（4）进行对外投资的账务处理及各种明细分类核算。

## 二、投资核算岗位素质要求

（1）具有良好的会计职业道德，能自觉遵守财经法规和相关结算纪律。

（2）具有良好的职业意识和习惯，能自觉履行投资核算会计岗位职责。

（3）熟悉投资核算岗位经济业务，并能正确、及时地完成账务处理。

【思政园地】交易性金融资产作为一种企业短期持有的投资品种，合理的资本运作，可以有效地分散经营风险，形成多元化的产业经营，交易性金融资产公允价值变动计入当期损益，会直接影响企业各期利润，继而影响企业的纳税。作为会计人员，我们一定要恪守职业道德，知法、守法、敬法，切实保护国家、社会公众及投资人等的利益。

## 三、投资核算岗位的工作流程及实训要求

投资核算岗位的工作流程如图 3-1 所示。

投资核算岗位的实训要求如下：

（1）设置交易性金融资产相关账户的总账和明细账，并登记期初余额。

（2）根据实训资料中的原始凭证填制记账凭证，并将原始单据附后。

（3）根据记账凭证及原始凭证登记相关账户明细账和总账。

## 四、实训资料

潍坊嘉华电子有限责任公司为了提高闲置资金的收益率，拟进行证券投资——从二级市场上购买股票。潍坊嘉华电子有限责任公司在中泰证券开设了资金账户，委托中泰证券买卖股票。

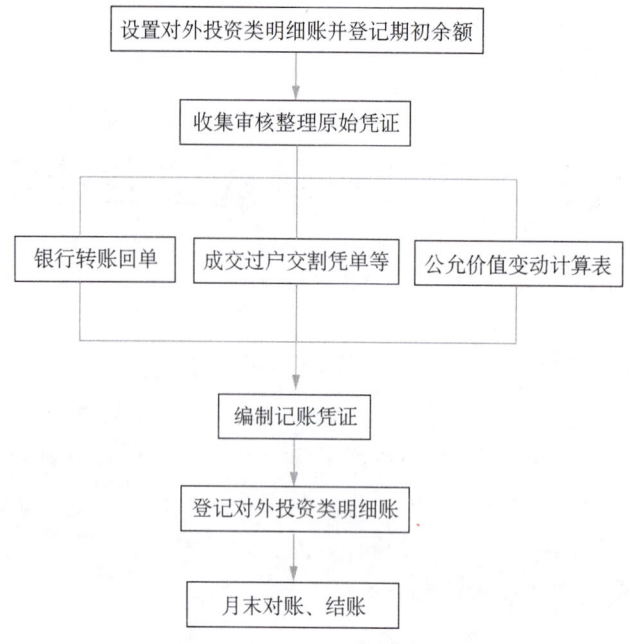

**图 3-1 投资核算岗位的工作流程**

潍坊嘉华电子有限责任公司 2020 年 2 月末有关的账户余额如表 3-1 所示。

**表 3-1　2020 年 2 月 29 日有关账户余额表**　　　　单位:元

| 总账 | 明细账 | 借方余额 | 贷方余额 |
| --- | --- | --- | --- |
| 其他货币资金 | 存出投资款 | 200 000.00 | |
| 交易性金融资产 | 成本(国光电器 4 000 股) | 52 000.00 | |
| 交易性金融资产 | 公允价值变动(国光电器) | | 1 200.00 |

股票交易税费包括印花税、佣金、过户费。其中印花税为成交金额的 0.01%(售出时缴纳),佣金为成交金额的 0.025%,最低标准为 5 元,其他税费忽略不计。公司在每年的 6 月 30 日和 12 月 31 日对交易性金融资产的公允价值进行调整。

2020 年,潍坊嘉华电子有限责任公司发生的与交易性金融资产相关的业务如下:

【1】3 月 1 日,购入潍柴动力(000338)10 000 股,并准备随时变现,每股买价为 14 元,同时支付相关交易费用。

【2】5 月 25 日,潍柴动力宣告发放现金股利,每 10 股派 1.8 元现金股利(含税)。

【3】6 月 30 日,潍柴动力收盘价为每股 23.02 元,国光电器收盘价为每股 13.01 元。

## 五、实训原始凭证

以下是投资核算岗位所涉及的原始凭证。

凭证3-1-1

## 成交过户交割单

2020年03月01日    买

| 股东编号： | A3676455451 | 成交证券： | 人民币储 |
|---|---|---|---|
| 电脑编号： | 845968 | 成交数量： | 10 000（股） |
| 公司代号： | 213 | 成交价格： | 14.00 |
| 申请编号： | 712 | 成交金额： | 140 000.00 |
| 申报时间： | 10:15:22 | 标注佣金： | 35.00 |
| 成交时间： | 10:31:24 | 过户费用： | |
| 上次余额： | 0（股） | 印花税： | |
| 本次成交： | 10 000（股） | 应付金额： | 140 035.00 |
| 本次余额： | 10 000（股） | 最终余额： | 10 000（股） |
| 附加费用： | | 实付金额： | 140 035.00 |

经办单位：中泰证券有限公司    客户签章：潍坊嘉华电子有限责任公司

客户联

凭证3-2-1

## 潍柴动力股份有限公司
## 2019年度股东大会决议公告

一、会议召开及出席情况

……

二、提案审议情况

1.……

4.审议通过了《2019年度利润分配方案》

同意股数5 811 101 272股，占出席会议股东所持表决权股份总数的99.997 570%，反对股数83 000股，弃权股数100股。以公司2019年年末总股本6 551 029 090股为基数，每10股派送现金股利1.8元（税后1.62元），计1 179 185 236.2元。

5.……

三、律师见证情况

……

四、备查情况

……

潍柴动力股份有限责任公司
2020年5月25日

凭证 3-3-1

# 潍坊嘉华电子有限责任公司
# 公允价值变动损益计算表

年　月　日　　　　　　　　　　　　　　　　金额单位：元

| 交易性金融资产 | 数量（股） | 市场价格 | 账面价值 | 公允价值变动损益 |
|---|---|---|---|---|
| 潍柴动力 |  |  |  |  |
| 国光电器 |  |  |  |  |
| 合计 |  |  |  |  |

会计：　　　　　　　　　复核：　　　　　　　　制表：

# 项目四　存货核算岗位会计实训

## 一、存货核算岗位职责

(1) 会同有关部门拟定材料物资管理与核算实施办法。
(2) 审查采购计划,控制采购成本,防止盲目采购。
(3) 负责存货明细核算。对已验收入库尚未付款的材料,月终估价入账。
(4) 配合有关部门制定材料消耗定额,编制材料计划成本目录。
(5) 参与库存盘点,处理清查账务。

## 二、存货核算岗位素质要求

(1) 熟悉存货核算相关制度。
(2) 掌握存货相关知识。
(3) 具备良好的职业道德素质。

【思政园地】上市公司出于完成财务计划、维持或提升股价、增资配股、获取贷款、保住上市资格等目的,常常采用各种手段虚报利润。在形形色色的利润操纵手法中,资产造假占据了主要地位。而存货项目因其种类繁多并且具有流动性强、计价方法多样的特点,又导致存货高估构成资产计价舞弊的主要部分。

朱镕基在考察北京国家会计学院时,提出了会计人员职业道德和行为的十六字准则:诚信为本,操守为重,遵循准则,不做假账。

会计人员所为的会计事务,无一不牵动着投资者、劳动者、经营者以及国家方方面面的经济利益,影响社会资源分配。因此会计人员应时刻记住十六字准则,并以此来督促自己的行为。

## 三、存货核算岗位工作流程及实训要求

存货核算岗位的工作流程如图 4-1 所示。
存货核算岗位的实训要求如下:
(1) 设置原材料、在途物资、周转材料、库存商品等相关账户的明细账和总账,登记期初余额。
(2) 补填有关原始凭证,熟悉各种存货核算凭证的填写方法。
(3) 根据原始凭证填制记账凭证,并将原始单据附后。
(4) 根据记账凭证和原始凭证登记原材料、在途物资、周转材料、库存商品等相关账户的明细账和总账,并进行核对。

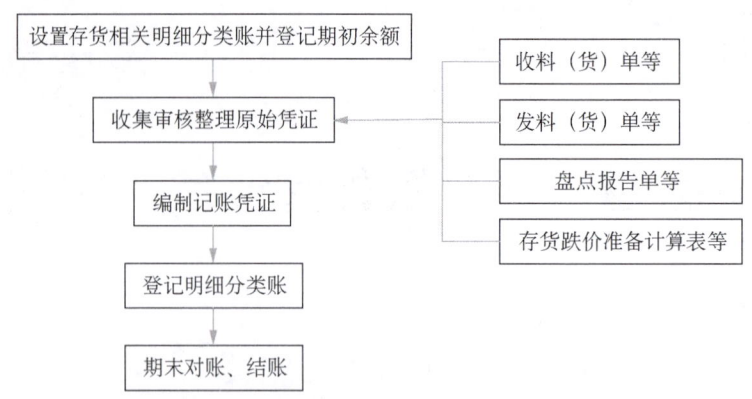

图 4-1 存货核算岗位工作流程

(5) 期末结账。

## 四、实训资料

(一) 存货按实际成本核算

潍坊嘉华电子有限责任公司 2020 年 4 月初有关账户余额如表 4-1 所示。

表 4-1 原材料、在途物资、周转材料、库存商品及相关明细账户余额表

金额单位：元

| 总账科目 | 明细科目 | 规格 | 单位 | 数量 | 单价 | 金额 |
| --- | --- | --- | --- | --- | --- | --- |
| 原材料 | 放大器 | AD822 | 只 | 100 000 | 1.80 | 180 000.00 |
|  | 线圈 | SO203 | 只 | 100 000 | 0.40 | 40 000.00 |
|  | 场效应管 | TF219 | 只 | 100 000 | 0.60 | 60 000.00 |
|  | 塑壳 | SC408 | 只 | 100 000 | 0.10 | 10 000.00 |
| 在途物资 | 放大器 | AD822 | 只 | 10 000 | 1.80 | 18 000.00 |
| 周转材料 | 包装箱 | — | 个 | 2 000 | 6.00 | 12 000.00 |
|  | 工具 | — | 个 | 100 | 30.00 | 3 000.00 |
| 库存商品 | 传感器 | — | 只 | 30 000 | 6.00 | 180 000.00 |
|  | 传声器 | — | 只 | 40 000 | 3.00 | 120 000.00 |

潍坊嘉华电子有限责任公司 2020 年 4 月发生的与存货相关的经济业务（按实际成本核算）如下：

【1】1 日，向新海机电有限责任公司购入 SO203 型线圈 15 000 只，每只 0.5 元，增值税专用发票上记载的货款为 7 500 元，增值税额为 975 元，对方代垫包装费 300 元，款项未付，材料未到。

【2】3日,上月从海星机电有限责任公司购入的10 000只AD822型放大器已运抵仓库,已经办理验收入库手续。

【3】8日,向山东光明有限责任公司销售传感器10 000件,单价为10元,增值税税率为13%,当日商品发出,客户收到商品并验收入库,款项未收到。

【4】10日,1日购入的线圈已收到,并验收入库,但在验收入库时发现破损20只,经调查确认为运输途中合理损耗。

【5】15日,车间生产传感器领用包装箱1 000个,领用原材料放大器、线圈、场效应管、塑壳各50 000个。

【6】18日,车间领用一般工具一批50个,全部计入当期制造费用。

【7】30日,向新海机电有限责任公司购入SO203型线圈10 000只,材料已验收入库,但发票账单尚未收到也无法确定其实际成本,暂估价值为4 500元。

【8】30日,根据领发料凭证,编制"领用材料核算表"(假定采用月末一次加权平均法计算,保留小数点后两位小数)。

【9】30日,经盘点,发现线圈短缺2 000只,经调查确认该线圈短缺属于被盗,由仓库保管员赔偿70%,其余30%计入管理费用。

【10】30日,分配本期制造费用,按照工时进行分配,传感器工时为1 400小时,传声器工时为600小时。

【11】30日,原材料放大器由于市场价格下跌,预计可变现净值为98 000元。该公司按单个存货项目、采用成本与可变现净值孰低法计提存货跌价准备(其他存货略,视同年末处理)。

(二)存货按计划成本核算

如果本公司存货采用计划成本核算,请根据2020年4月份的有关资料做相应的账务处理。

潍坊嘉华电子有限责任公司2020年4月初存货有关账户余额如表4-2所示。

表4-2 存货有关账户余额表

金额单位:元

| 总账科目 | 明细科目 | 规格 | 单位 | 数量 | 单价 | 金额 |
| --- | --- | --- | --- | --- | --- | --- |
| 原材料 | 放大器 | AD822 | 只 | 100 000 | 1.80 | 180 000.00 |
| | 线圈 | SO203 | 只 | 100 000 | 0.40 | 40 000.00 |
| | 场效应管 | TF219 | 只 | 100 000 | 0.60 | 60 000.00 |
| | 塑壳 | SC408 | 只 | 100 000 | 0.10 | 10 000.00 |
| 材料采购 | 放大器 | AD822 | 只 | 10 000 | 1.80 | 18 000.00 |
| 周转材料 | 包装箱 | — | 个 | 2 000 | 6.00 | 12 000.00 |
| | 工具 | — | 个 | 100 | 30.00 | 3 000.00 |

(续表)

| 总账科目 | 明细科目 | 规格 | 单位 | 数量 | 单价 | 金额 |
|---|---|---|---|---|---|---|
| 库存商品 | 传感器 | SN62 | 只 | 30 000 | 6.00 | 180 000.00 |
|  | 传声器 | 4527 | 只 | 40 000 | 3.00 | 120 000.00 |
| 材料成本差异 | 放大器 | AD822 |  |  |  | 2 000.00 |
|  | 线圈 | SO203 |  |  |  | −1 000.00 |
|  | 场效应管 | TF219 |  |  |  | 1 000.00 |
|  | 塑壳 | SC408 |  |  |  | 500.00 |

潍坊嘉华电子有限责任公司 2020 年 4 月发生的与存货相关的经济业务（按计划成本核算，业务顺序顺接实际成本核算）如下：

【12】1 日，向新海机电有限责任公司购入 SO203 型线圈 15 000 只，每只为 0.5 元，增值税专用发票上记载的货款为 7 500 元，增值税额为 975 元，对方代垫包装费 300 元，款项未付，材料尚未到达。

【13】3 日，上月从海星机电有限责任公司购入的 10 000 只 AD822 型放大器已运抵仓库，办理验收入库手续。

【14】8 日，向山东光明有限责任公司销售传感器 10 000 件，单价为 10 元，增值税税率 13%，已经办理出库手续，款项未收。

【15】10 日，1 日购入的线圈已收到，并验收入库，但在验收入库时发现破损 20 只，经调查确认为运输途中合理损耗。

【16】15 日，车间生产感应器领用包装箱 1 000 个，领用原材料放大器、线圈、场效应管、塑壳各 50 000 个。

【17】18 日，车间领用一般工具一批 50 个，全部计入当期制造费用。

【18】30 日，公司向新海机电有限责任公司购入 SO203 型线圈 10 000 只，材料已验收入库，但发票账单尚未收到也无法确定其实际成本，暂估价值为 4 500 元。

【19】30 日，公司经盘点，发现线圈短缺 2 000 只，经调查，该线圈短缺属于被盗，由仓库保管员赔偿 70%，其余 30% 计入管理费用。

【20】30 日，根据相关资料，编制"成本差异计算分配表"（保留小数点后两位小数）。

【21】30 日，汇总本月发出材料成本并分摊成本差异。

【22】30 日，分配本期制造费用。按照工时进行分配，传感器工时 1 400 小时，传声器工时 600 小时。

## 五、实训原始凭证

（一）存货按实际成本核算

以下是本月存货核算岗位（实际成本核算）所涉及的原始凭证。

凭证 4-1-1

## 山东增值税专用发票

3700201130　　　　　　　　　　　　　　　No 56640420

发票联

3700201130
56640420

开票日期：2020年04月01日

| 购买方 | 名　　称： | 潍坊嘉华电子有限责任公司 | | | | 密码区 | /5/+++079*5>9*<+810-827+<82<br>>20035<80>2+94258>/+9+95+00<br>+377998*7<793>/70/>05360-2<br>+9-770/32466/<6<-2>14/<*3 | | |
|---|---|---|---|---|---|---|---|---|---|
| | 纳税人识别号： | 91370702M944328289 | | | | | | | |
| | 地址、电话： | 青年路787号78830418 | | | | | | | |
| | 开户行及账号： | 中国银行潍坊市青年路支行9420964141366049011 | | | | | | | |
| 货物或应税劳务、服务名称 | | 规格型号 | 单位 | 数量 | 单价 | 金额 | | 税率 | 税额 |
| *电声器件*线圈 | | SQ03 | 只 | 15000 | 0.50 | 7500.00 | | 13% | 975.00 |
| 合　　计 | | | | | | ¥7500.00 | | | ¥975.00 |
| 价税合计（大写） | | ⊗ 捌仟肆佰柒拾伍元整 | | | | （小写）¥8475.00 | | | |
| 销售方 | 名　　称： | 新海机电有限责任公司 | | | | 备注 | | | |
| | 纳税人识别号： | 91370702M046016261 | | | | | | | |
| | 地址、电话： | 潍坊潍城区宝旺路8888000216 | | | | | | | |
| | 开户行及账号： | 中国银行潍坊市幸福街支行0447943969048068567 | | | | | | | |
| 收款人： | | 复核：陈乙轩 | | | 开票人：何英 | | 销售方：（章） | | |

凭证 4-1-2

## 山东增值税普通发票

037002000104　　　　　　　　　　　　　　　No 94154744

发票联

037002000104
94154744

开票日期：2020年04月01日

| 购买方 | 名　　称： | 潍坊嘉华电子有限责任公司 | | | | 密码区 | >1-83-1007+-5-805<08/082+*3<br>++-9/2/8993*--/097668<33660<br>9/7<//1-+134+051+*01*12849+<br>1<0<6459/74+-6*791-*7++0+27 | | |
|---|---|---|---|---|---|---|---|---|---|
| | 纳税人识别号： | 91370702M944328289 | | | | | | | |
| | 地址、电话： | 青年路787号78830418 | | | | | | | |
| | 开户行及账号： | 中国银行潍坊市青年路支行9420964141366049011 | | | | | | | |
| 货物或应税劳务、服务名称 | | 规格型号 | 单位 | 数量 | 单价 | 金额 | | 税率 | 税额 |
| *箱纸板*包装费 | | | | 1 | 265.49 | 265.49 | | 13% | 34.51 |
| 合　　计 | | | | | | ¥265.49 | | | ¥34.51 |
| 价税合计（大写） | | ⊗ 叁佰元整 | | | | （小写）¥300.00 | | | |
| 销售方 | 名　　称： | 潍坊新华包装厂 | | | | 备注 | | | |
| | 纳税人识别号： | 91370705lM682824040 | | | | | | | |
| | 地址、电话： | 潍坊奎文区辰建路162号43681994 | | | | | | | |
| | 开户行及账号： | 工行潍坊奎文区亿玉路支行6805012751889797783 | | | | | | | |
| 收款人： | | 复核：马秀 | | | 开票人：黄色 | | 销售方：（章） | | |

凭证 4-2-1

## 潍坊嘉华电子有限责任公司
## 材料入库单

发票号码：　　　　　　　　　　　　　　　　　　　　　　　　　　　　编　号：0401
供应单位：　　　　　　　　　　　　年　月　日　　　　　　　　　　　收料仓库：

| 序号 | 名称 | 规格型号 | 单位 | 数量 | | 实际成本(元) | | | | |
| --- | --- | --- | --- | --- | --- | --- | --- | --- | --- | --- |
| | | | | | | 买价 | | 运杂费 | 合计 | 单位成本 |
| | | | | 应收 | 实收 | 单价 | 金额 | | | |
| | | | | | | | | | | |
| | | | | | | | | | | |
| | | | | | | | | | | |
| | | | | | | | | | | |
| | | | | | | | | | | |
| | 合　　计 | | | | | | | | | |

采购员：　　　　　　　　记账：　　　　　　　　检验员：　　　　　　　　制单：

凭证 4-3-1

## 潍坊嘉华电子有限责任公司
## 出　库　单

No.15853326

购货单位：　　　　　　　　　　　　年　月　日

| 编号 | 商品名称及规格 | 单位 | 数量 | 备注 |
| --- | --- | --- | --- | --- |
| | | | | |
| | | | | |
| | | | | |
| | | | | |
| | | | | |

第二联　记账联

保管员：　　　　　　　　记账：　　　　　　　　制单：

凭证 4-3-2

## 山东增值税专用发票

3700201130　　　　　　　　　　No 463311318　　　　　3700201130
　　　　　　　　此联不做报销、抵扣凭证使用　　　　　　　463311318

开票日期：2020年04月08日

| 购买方 | 名　　　　称：山东光明有限责任公司<br>纳税人识别号：91370305M086064075<br>地址、电话：淄博临淄区联营路938号83095097<br>开户行及账号：中国工商银行临淄支行1847411001286795092 | 密码区 | 67*91488070<<>85907/309+2-><br>99-6+/327++++5>*-8>662/950><br>6120>8105*9431->66462/<2<>9<br>25/<8+*5402965174<<<4350422 |
|---|---|---|---|

| 货物或应税劳务、服务名称 | 规格型号 | 单位 | 数量 | 单价 | 金额 | 税率 | 税额 |
|---|---|---|---|---|---|---|---|
| *电声器件*传感器 | | 件 | 10000 | 10.00 | 100000.00 | 13% | 13000.00 |
| 合　　　计 | | | | | ¥100000.00 | | ¥13000.00 |

价税合计（大写）　⊗ 壹拾壹万叁仟元整　　　　　　　（小写）¥113000.00

| 销售方 | 名　　　　称：潍坊嘉华电子有限责任公司<br>纳税人识别号：91370702M944328289<br>地址、电话：青年路787号78830418<br>开户行及账号：中国银行潍坊市青年路支行9420964141366049011 | 备注 | |
|---|---|---|---|

收款人：　　　　　　　复核：王芸　　　　　　开票人：洪丽　　　　　　销售方：（章）

---

凭证 4-4-1

## 潍坊嘉华电子有限责任公司
## 材料入库单

发票号码：　　　　　　　　　　　　　　　　　　　　　　　　编　号：0402
供应单位：　　　　　　　　　年　月　日　　　　　　　　收料仓库：

| 序号 | 名称 | 规格型号 | 单位 | 数量 | | 实际成本（元） | | | |
|---|---|---|---|---|---|---|---|---|---|
| | | | | | | 买价 | | 运杂费等 | 合计 | 单位成本 |
| | | | | 应收 | 实收 | 单价 | 金额 | | | |
| | | | | | | | | | | |
| | | | | | | | | | | |
| | | | | | | | | | | |
| | | | | | | | | | | |
| 合　计 | | | | | | | | | | |

采购员：　　　　　　　记账：　　　　　　　检验员：　　　　　　　制单：

凭证 4-5-1

## 潍坊嘉华电子有限责任公司
### 领 料 单

领料部门：　　　　　　　　　　　　年　月　日　　　　　　　　　　　第 401 号

| 编号 | 名称 | 规格 | 数量 | 单价 | 金额 | | | | | | | | 备注 |
|------|------|------|------|------|---|---|---|---|---|---|---|---|------|
|      |      |      |      |      | 十 | 万 | 千 | 百 | 十 | 元 | 角 | 分 |      |
|      |      |      |      |      |   |   |   |   |   |   |   |   |      |
|      |      |      |      |      |   |   |   |   |   |   |   |   |      |
|      |      |      |      |      |   |   |   |   |   |   |   |   |      |
|      |      |      |      |      |   |   |   |   |   |   |   |   |      |
|      |      |      |      |      |   |   |   |   |   |   |   |   |      |

合计人民币（大写）　　　　　　　　　　　　　¥

记账：　　　　　　复核：　　　　　　领料：　　　　　　制单：

---

凭证 4-6-1

## 潍坊嘉华电子有限责任公司
### 领 料 单

领料部门：　　　　　　　　　　　　年　月　日　　　　　　　　　　　第 402 号

| 编号 | 名称 | 规格 | 数量 | 单价 | 金额 | | | | | | | | 备注 |
|------|------|------|------|------|---|---|---|---|---|---|---|---|------|
|      |      |      |      |      | 十 | 万 | 千 | 百 | 十 | 元 | 角 | 分 |      |
|      |      |      |      |      |   |   |   |   |   |   |   |   |      |
|      |      |      |      |      |   |   |   |   |   |   |   |   |      |
|      |      |      |      |      |   |   |   |   |   |   |   |   |      |
|      |      |      |      |      |   |   |   |   |   |   |   |   |      |
|      |      |      |      |      |   |   |   |   |   |   |   |   |      |

合计人民币（大写）　　　　　　　　　　　　　¥

记账：　　　　　　复核：　　　　　　领料：　　　　　　制单：

凭证 4-7-1

## 潍坊嘉华电子有限责任公司
## 材料入库单

发票号码：　　　　　　　　　　　　　　　　　　　　　　　编　　号：0403
供应单位：　　　　　　　　年　月　日　　　　　　　　　　收料仓库：

| 序号 | 名称 | 规格型号 | 单位 | 数量 | | 实际成本（元） | | | | |
| | | | | | | 买价 | | 运杂费 | 合计 | 单位成本 |
| | | | | 应收 | 实收 | 单价 | 金额 | | | |
| | | | | | | | | | | |
| | | | | | | | | | | |
| | | | | | | | | | | |
| | | | | | | | | | | |
| | | | | | | | | | | |
| 合　计 | | | | | | | | | | |

采购员：　　　　　　记账：　　　　　　检验员：　　　　　　制单：

---

凭证 4-8-1

## 潍坊嘉华电子有限责任公司
## 领用材料核算表

　　　　　　　　　　　　　　　年　月　日　　　　　　　　　　金额单位：元

| 材料名称 | 期初数量 | 期初金额 | 本期购入数量 | 本期购入金额 | 平均单价 | 本期领用数量 | 本期领用金额 | 期末结存数量 | 期末结存金额 |
| --- | --- | --- | --- | --- | --- | --- | --- | --- | --- |
| | | | | | | | | | |
| | | | | | | | | | |
| | | | | | | | | | |
| | | | | | | | | | |
| | | | | | | | | | |
| | | | | | | | | | |
| | | | | | | | | | |
| | | | | | | | | | |

复核：　　　　　　　　　　　　　　　　　　　　　　　　　　制表：

凭证 4-9-1

## 潍坊嘉华电子有限责任公司
## 存货盘点报告表

年　月　日　　　　　　　　　　　　　　　　　金额单位：元

| 存货名称 | 单位 | 单价 | 数量 | | 盘盈 | | 盘亏 | | 盈亏原因 |
|---|---|---|---|---|---|---|---|---|---|
| | | | 账存 | 实存 | 数量 | 金额 | 数量 | 金额 | |
| | | | | | | | | | |
| | | | | | | | | | |
| | | | | | | | | | |
| | | | | | | | | | |
| | | | | | | | | | |

财务部建议处理意见：

单位负责人批复处理意见：

财务经理：　　　　　　　　　　监盘人：　　　　　　　　　　盘点人：

---

凭证 4-10-1

## 潍坊嘉华电子有限责任公司
## 制造费用分配表

车间：　　　　　　　　　　年　月　日　　　　　　　　　　金额单位：元

| 产品名称 | 分配标准（生产工时） | 分配标准之和 | 分配总额 | 分配率 | 分配金额 |
|---|---|---|---|---|---|
| 传感器 | | | | | |
| 传声器 | | | | | |
| 合计 | | | | | |

审核：　　　　　　　　　　　　　　　　　　　　　　　　制表：

凭证 4-11-1

### 潍坊嘉华电子有限责任公司
### 存货跌价准备计算表

2020年04月　　　　　　　　　　　　　　　　　　单位：元

| 存货名称 | 成本 | 可变现净值 | 存货跌价准备应提数额 | 存货跌价准备账面余额 | 存货跌价准备本期提取数额 |
|---|---|---|---|---|---|
|  |  |  |  |  |  |
|  |  |  |  |  |  |
|  |  |  |  |  |  |
|  |  |  |  |  |  |
|  |  |  |  |  |  |

复核：　　　　　　　　　　　　　　　　　　　　　　　制表：

（二）存货按计划成本核算

以下是本月存货核算岗（计划成本核算）所涉及的原始凭证。

凭证 4-12-1

山东增值税专用发票

3700201130　　　　　　　　　　　　No 56640420　　　　3700201130
发票联　　　　　　　　　　　　　　　　　　　　　　　　56640420

开票日期：2020年04月01日

| 购买方 | 名　称： | 潍坊嘉华电子有限责任公司 | 密码区 | 3<5<4<1<>92-2*2+<2-/80<>--+<br>31-94<454562/6/416>08-50363<br>7/918<3-8-//<406//>*<52+0<9<br>><78/72>14<77>*18++8023=>0 |
|---|---|---|---|---|
|  | 纳税人识别号： | 91370702M944328289 |  |  |
|  | 地址、电话： | 青年路787号 78830418 |  |  |
|  | 开户行及账号： | 中国银行潍坊市青年路支行9420964141366049011 |  |  |

| 货物或应税劳务、服务名称 | 规格型号 | 单位 | 数量 | 单价 | 金额 | 税率 | 税额 |
|---|---|---|---|---|---|---|---|
| *电声器件*线圈 | SO 203 | 只 | 15000 | 0.50 | 7500.00 | 13% | 975.00 |
| 合　　　计 |  |  |  |  | ¥7500.00 |  | ¥975.00 |

价税合计（大写）　⊗ 捌仟肆佰柒拾伍元整　　　　　（小写）¥8475.00

| 销售方 | 名　称： | 新海机电有限责任公司 | 备注 |  |
|---|---|---|---|---|
|  | 纳税人识别号： | 91370702M046016261 |  |  |
|  | 地址、电话： | 潍坊潍城区宝旺路8888000216 |  |  |
|  | 开户行及账号： | 中国银行潍坊市幸福街支行0447943969048068567 |  |  |

收款人：　　　　复核：陈乙轩　　　开票人：何英　　　销售方：（章）

凭证4-12-2

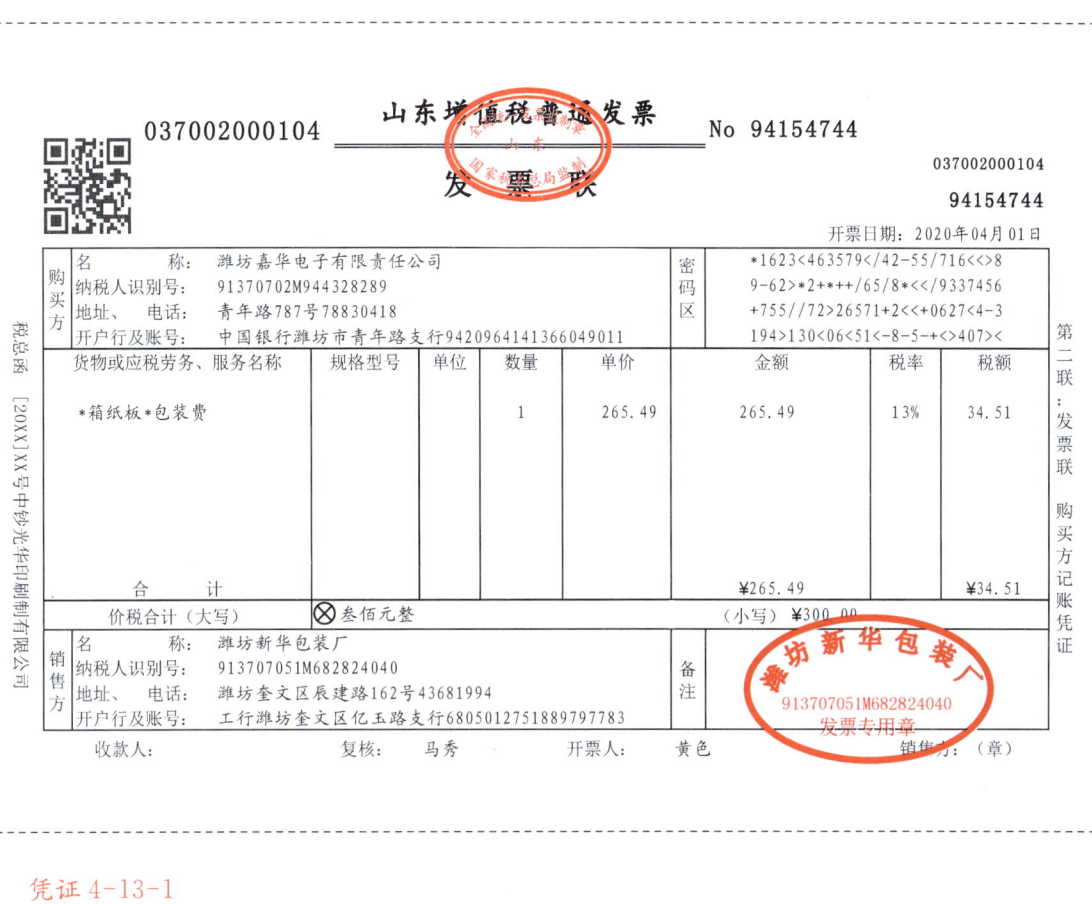

凭证4-13-1

## 潍坊嘉华电子有限责任公司
## 材料入库单

发票号码：　　　　　　　　　　　　　　　　　　　　　编　号：0401
供应单位：　　　　　　　　　　年　月　日　　　　　　　收料仓库：

| 序号 | 名称 | 规格型号 | 单位 | 数量 | | 实际成本(元) | | | | |
| | | | | | | 买价 | | 运杂费 | 合计 | 单位成本 |
| | | | | 应收 | 实收 | 单价 | 金额 | | | |
| | | | | | | | | | | |
| | | | | | | | | | | |
| | | | | | | | | | | |
| | | | | | | | | | | |
| | 合　计 | | | | | | | | | |

采购员：　　　　　　记账：　　　　　　检验员：　　　　　　制单：

凭证 4-14-1

## 潍坊嘉华电子有限责任公司
## 出 库 单

No.15853326

购货单位：　　　　　　　　　年　月　日

| 编号 | 商品名称及规格 | 单位 | 数量 | 备注 |
|------|----------------|------|------|------|
|      |                |      |      |      |
|      |                |      |      |      |
|      |                |      |      |      |
|      |                |      |      |      |

保管员：　　　　　　记账：　　　　　　制单：

第二联 记账联

---

凭证 4-14-2

### 山东省增值税专用发票

3700201130　　　　　　　　　　　　　　　No 463311318

此联不作报销、抵扣凭证使用

3700201130
463311318

开票日期：2020年04月08日

| 购买方 | 名　称： | 山东光明有限责任公司 | | 密码区 | 6/1*15+73>111+-8552+04+5299<br>21*/-/<700*5**>/11+222*-7<3<br>/>07*/6024/2-+17684*5>>2<-5<br>850405*29<1+0>36/+62->2+316 |
|--------|----------|----------------------|--|--------|---|
|  | 纳税人识别号： | 91370305M086064075 | | | |
|  | 地址、电话： | 淄博临淄区联誉路938号83095097 | | | |
|  | 开户行及账号： | 中国工商银行临淄支行1847411001286795092 | | | |

| 货物或应税劳务、服务名称 | 规格型号 | 单位 | 数量 | 单价 | 金额 | 税率 | 税额 |
|--------------------------|----------|------|------|------|------|------|------|
| *电声器件*传感器 |  | 件 | 10000 | 10.00 | 100000.00 | 13% | 13000.00 |
|  |  |  |  |  |  |  |  |
|  |  |  |  |  |  |  |  |
| 合　计 |  |  |  |  | ¥100000.00 |  | ¥13000.00 |

价税合计（大写）　　　⊗壹拾壹万叁仟元整　　　　　（小写）¥113000.00

| 销售方 | 名　称： | 潍坊嘉华电子有限责任公司 | 备注 |
|--------|----------|--------------------------|------|
|  | 纳税人识别号： | 91370702M944328289 | |
|  | 地址、电话： | 青年路787号78830418 | |
|  | 开户行及账号： | 中国银行潍坊市青年路支行9420964141366049011 | |

收款人：　　　复核：王芸　　　开票人：洪丽　　　销售方：（章）

第一联：记账联　销售方记账凭证

凭证 4-15-1

## 潍坊嘉华电子有限责任公司
## 材料入库单

发票号码：　　　　　　　　　　　　　　　　　　　　　　　编　号：0402
供应单位：　　　　　　　　　　　年　月　日　　　　　　　收料仓库：

| 序号 | 名称 | 规格型号 | 单位 | 数量 | | 实际成本(元) | | | | |
| --- | --- | --- | --- | --- | --- | --- | --- | --- | --- | --- |
| | | | | | | 买价 | | 运杂费 | 合计 | 单位成本 |
| | | | | 应收 | 实收 | 单价 | 金额 | | | |
| | | | | | | | | | | |
| | | | | | | | | | | |
| | | | | | | | | | | |
| | | | | | | | | | | |
| | | | | | | | | | | |
| 合　　计 | | | | | | | | | | |

采购员：　　　　　　　记账：　　　　　　　检验员：　　　　　　　制单：

---

凭证 4-16-1

## 潍坊嘉华电子有限责任公司
## 领　料　单

领料部门：　　　　　　　　　　　年　月　日　　　　　　　　　第 401 号

| 编号 | 名称 | 规格 | 数量 | 单价 | 金额 | | | | | | | | 备注 |
| --- | --- | --- | --- | --- | --- | --- | --- | --- | --- | --- | --- | --- | --- |
| | | | | | 十 | 万 | 千 | 百 | 十 | 元 | 角 | 分 | |
| | | | | | | | | | | | | | |
| | | | | | | | | | | | | | |
| | | | | | | | | | | | | | |
| | | | | | | | | | | | | | |
| 合计人民币（大写） | | | | | ¥ | | | | | | | | |

记账：　　　　　　　复核：　　　　　　　领料：　　　　　　　制单：

凭证 4-17-1

## 潍坊嘉华电子有限责任公司
## 领 料 单

领料部门：　　　　　　　　　　　　年　月　日　　　　　　　　　　　第 402 号

| 编号 | 名称 | 规格 | 数量 | 单价 | 金额 | | | | | | | | 备注 |
|---|---|---|---|---|---|---|---|---|---|---|---|---|---|
| | | | | | 十 | 万 | 千 | 百 | 十 | 元 | 角 | 分 | |
| | | | | | | | | | | | | | |
| | | | | | | | | | | | | | |
| | | | | | | | | | | | | | |
| | | | | | | | | | | | | | |
| | | | | | | | | | | | | | |

合计人民币（大写）　　　　　　　　　¥

记账：　　　　　　　复核：　　　　　　　　领料：　　　　　　　制单：

---

凭证 4-18-1

## 潍坊嘉华电子有限责任公司
## 材料入库单

发票号码：　　　　　　　　　　　　　　　　　　　　　　　　　编　号：0403
供应单位：　　　　　　　　年　月　日　　　　　　　　　　收料仓库：

| 序号 | 名称 | 规格型号 | 单位 | 数量 | | 实际成本(元) | | | | |
|---|---|---|---|---|---|---|---|---|---|---|
| | | | | | | 买价 | | 运杂费 | 合计 | 单位成本 |
| | | | | 应收 | 实收 | 单价 | 金额 | | | |
| | | | | | | | | | | |
| | | | | | | | | | | | 
| | | | | | | | | | | |
| | | | | | | | | | | |
| | | | | | | | | | | |
| | | 合　计 | | | | | | | | |

采购员：　　　　　　　记账：　　　　　　　检验员：　　　　　　　制单：

凭证 4-19-1

## 潍坊嘉华电子有限责任公司
## 存货盘点报告表

年　月　日　　　　　　　　　　　　　　金额单位：元

| 存货名称 | 单位 | 单价 | 数量 | | 盘盈 | | 盘亏 | | 盈亏原因 |
| --- | --- | --- | --- | --- | --- | --- | --- | --- | --- |
| | | | 账存 | 实存 | 数量 | 金额 | 数量 | 金额 | |
| | | | | | | | | | |
| | | | | | | | | | |
| | | | | | | | | | |
| | | | | | | | | | |
| | | | | | | | | | |
| 财务部建议处理意见： | | | | | | | | | |
| 单位负责人批复处理意见： | | | | | | | | | |

财务经理：　　　　　　　　　　　监盘人：　　　　　　　　　　　盘点人：

---

凭证 4-20-1

## 潍坊嘉华电子有限责任公司
## 材料成本差异计算表

年　月　　　　　　　　　　　　　　单位：元

| 类　别 | 月初结存 | | 本月收料 | | 合　计 | | 成本差异率 |
| --- | --- | --- | --- | --- | --- | --- | --- |
| | 计划成本 | 成本差异 | 计划成本 | 成本差异 | 计划成本 | 成本差异 | |
| | | | | | | | |
| | | | | | | | |
| | | | | | | | |
| | | | | | | | |
| | | | | | | | |
| 合　计 | | | | | | | |

审核：　　　　　　　　　　　　　　制单：

凭证4-21-1

## 潍坊嘉华电子有限责任公司
## 领料单汇总表

年　　月

| 材料名称 | 计划单价 | 计量单位 | 生成车间 | | 合　计 |
|---|---|---|---|---|---|
| | | | 传声器 | 传感器 | |
| | | | | | |
| | | | | | |
| | | | | | |
| | | | | | |
| | | | | | |

审核：　　　　　　　　　　　制单：

凭证4-21-2

## 潍坊嘉华电子有限责任公司
## 材料耗用汇总表

年　　月　　　　　　　　　　　　单位：元

| 部门及用途 | 原材料类别 | 计划成本 | | 差异额（差异率　　%） | 实际成本 |
|---|---|---|---|---|---|
| | | 材料名称 | 金额 | | |
| 生产车间 | 传感器 | | | | |
| | | | | | |
| | | | | | |
| | | | | | |
| 合计 | | | | | |

审核：　　　　　　　　　　　制单：

凭证 4-22-1

# 潍坊嘉华电子有限责任公司
# 制造费用分配表

车间： 　　　　　　　　　　年　月　日　　　　　　　　　金额单位：元

| 产品名称 | 分配标准（生产工时） | 分配标准之和 | 分配总额 | 分配率 | 分配金额 |
|---|---|---|---|---|---|
| 传感器 |  |  |  |  |  |
| 传声器 |  |  |  |  |  |
| 合计 | | | | | |

制表：　　　　　　　　　　　　　　　审核：

# 项目五　固定资产核算岗位会计实训

## 一、固定资产核算岗位职责

（1）会同有关部门建立健全固定资产的核算与管理制度，包括固定资产购建、保管、修理、处置、报废和核算等方面的程序与制度。

（2）参与编制固定资产更新改造和大修理计划。

（3）负责固定资产的明细核算和有关报表的编制。

（4）计算提取固定资产折旧和大修理资金。

（5）对被清理的固定资产，要分别按有偿转让、报废、毁损等不同情况进行账务处理。

（6）会同有关部门定期组织固定资产的清查盘点工作，汇总清查盘点结果，发现问题，查明原因，及时妥善处理；按规定的报批程序办理固定资产盘盈、盘亏的审批手续，经批准后办理转销的账务处理。

（7）经常了解主要固定资产的使用情况，运用有关核算资料分析固定资产的利用效果，改善固定资产的管理工作，并向企业提供有价值的会计信息或建议。

## 二、固定资产核算岗位素质要求

（1）熟悉固定资产核算相关制度。

（2）掌握固定资产相关知识。

（3）具备良好的职业道德素质。

【思政园地】随着改革开放的深入，涉及产权交易的经济行为越来越多地出现在国企改革的产权交易过程中，国有资产流失的现象触目惊心。习近平总书记在全国国有企业党的建设工作会议上强调，要坚持有利于国有资产保值增值、有利于提高国有经济竞争力、有利于放大国有资本功能的方针。

## 三、固定资产核算岗位工作流程及实训要求

固定资产核算岗位的工作流程如图5-1所示。

固定资产核算岗位的实训要求如下：

（1）设置固定资产、累计折旧、固定资产减值准备、固定资产清理等相关的明细账和总账，登记期初余额。

（2）补填有关原始凭证。

（3）根据原始凭证编制记账凭证并将原始单据附后。

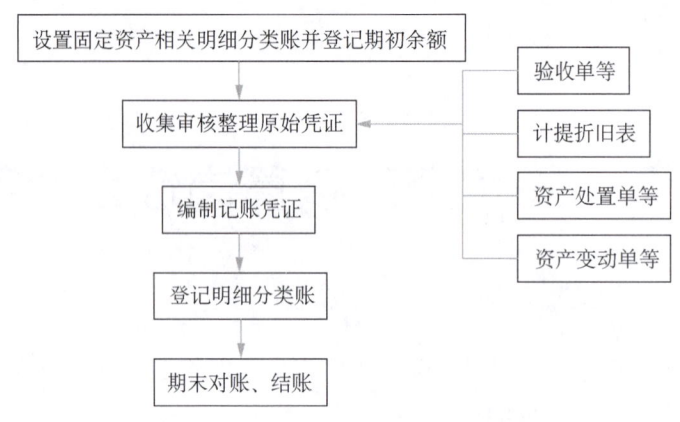

图 5-1 固定资产核算岗位工作流程

(4) 根据记账凭证和原始凭证登记固定资产、累计折旧、固定资产减值准备、固定资产清理等相关的明细账和总账。

(5) 期末将明细账和总账进行核对。

(6) 期末结账。

## 四、实训资料

2020年5月1日,潍坊嘉华电子有限责任公司固定资产资料如表5-1所示,其他资产余额如表5-2所示。

表 5-1 固定资产资料

金额单位:元

| 部门 | 资产名称 | 原值 | 开始使用时间 | 折旧年限 | 残值率 | 月折旧额 | 已提折旧 |
| --- | --- | --- | --- | --- | --- | --- | --- |
| 管理部门 | 办公楼 | 240 000.00 | 2015.12.25 | 40 | 5% | 475.00 | 22 800.00 |
|  | 车库 | 180 000.00 | 2015.12.25 | 40 | 5% | 356.25 | 17 100.00 |
|  | 电脑 | 5 000.00 | 2020.02.02 | 5 | 5% | 79.17 | 158.34 |
| 销售机构 | 办公楼 | 120 000.00 | 2015.12.25 | 40 | 5% | 237.50 | 11 400.00 |
| 生产车间 | 厂房 | 500 000.00 | 2015.12.25 | 40 | 5% | 989.58 | 47 500.00 |
|  | 生产线 | 250 000.00 | 2015.12.25 | 15 | 5% | 1 319.44 | 63 333.33 |
| 合计 |  | 1 295 000.00 |  |  |  | 3 456.94 | 162 291.67 |

表 5-2 其他资产余额

单位:元

| 项目 | 余额 | 备注 |
| --- | --- | --- |
| 在建工程——车库 | 150 000.00 |  |

2020年5月,潍坊嘉华电子有限责任公司发生的与固定资产相关的经济业务如下:

【1】5日,向潍坊顺达机电公司购入不需要安装的C设备1台,对方开具的增值税专用发票上注明价款为150 000元,增值税额为19 500元,款项已经全部付清,该设备预计使用寿命为15年。

【2】17日,向昌明建筑公司支付工程款40 000元。此工程是2020年4月10日出包给该公司建造的1幢车库。

【3】18日,办公室电脑被盗,原价为5 000元,已计提折旧158.34元,购入时取得增值税专用发票,增值税额为650元。经公司研究决定资产被盗损失记入营业外支出。

【4】23日,办公室委托潍坊牛奔奔汽修厂对小轿车进行日常修理,修理费为4 000元(含税),款项未付。

【5】31日,提取本月固定资产折旧。

【6】31日,公司的生产线存在可能发生减值的迹象。经计算,公司该生产线的可收回金额合计为110 000元,以前年度未对该生产线计提过减值准备(视同年末处理)。

## 五、实训原始凭证

以下是本月固定资产核算岗位所涉及的原始凭证。

凭证 5-1-1

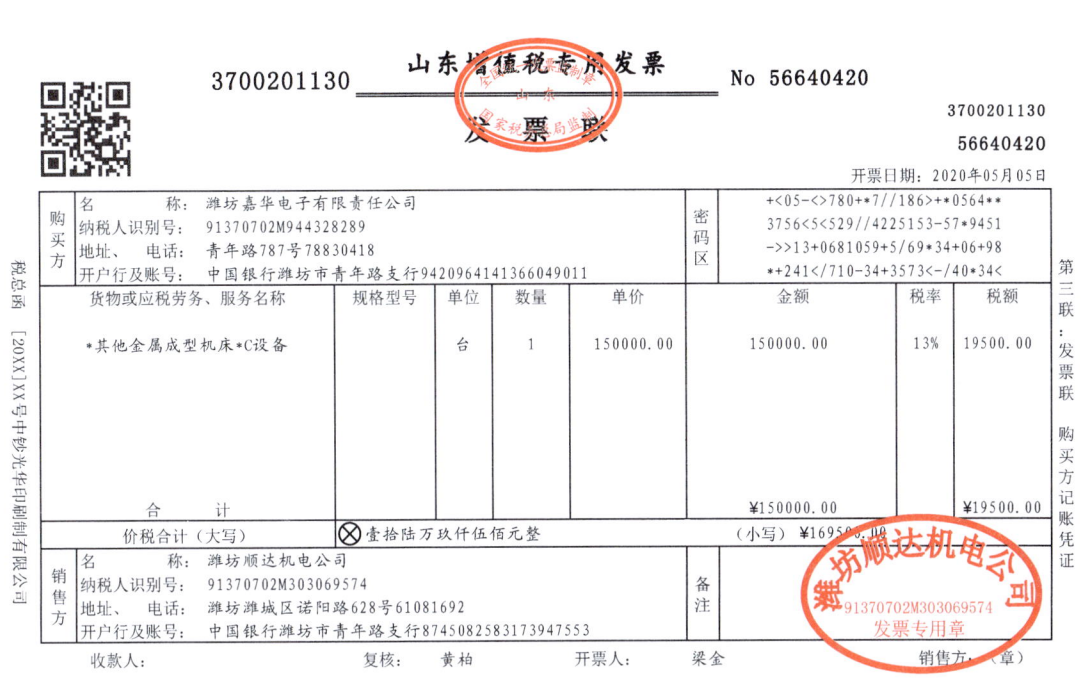

凭证 5-1-2

## 潍坊嘉华电子有限责任公司
## 固定资产验收单

年　　月　　日

| 名称 | 规格型号 | 来源 | 数量 | 购（造）价 | 使用年限 | 预计残值 |
|---|---|---|---|---|---|---|
|  |  |  |  |  |  |  |
|  |  |  |  |  |  |  |

| 安装费 | 月折旧率 | 建造单位 | 交工日期 | 附件 |
|---|---|---|---|---|
|  |  |  |  |  |

| 验收部门 | | 验收人员 | | 管理部门 | |
|---|---|---|---|---|---|
| 备注 | | | | | |

审核：　　　　　　　　　　　　　　制单：

凭证 5-1-3

# 潍坊嘉华电子有限责任公司
# 付款申请单

申请日期：2020年05月05日

| 申请部门 | 生产部 | 申请人 | 王力 |
|---|---|---|---|
| 申请事由 | 按合同付款 | | |
| 收款单位 | 顺达机电公司 | 收款人 | 杨伟 |
| 申请付款金额 | ¥169 500.00 | 人民币（大写） | 壹拾陆万玖仟伍佰元整 |
| 付款方式 | 转账支票 | | |
| 备注 | | | |

主管领导： 雷 鸣         财务负责人： 刘 岚

凭证 5-1-4

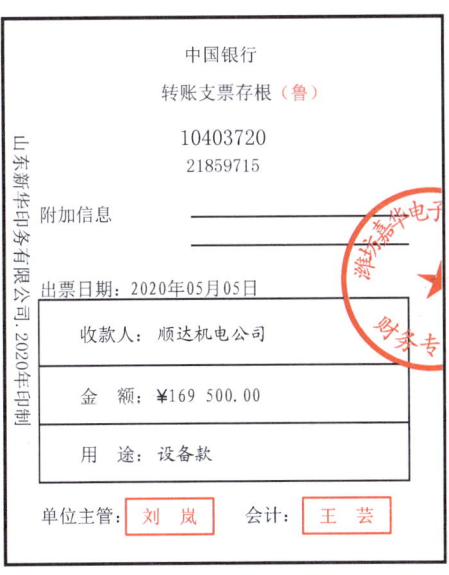

凭证 5-2-1

# 潍坊嘉华电子有限责任公司
# 付款申请单

申请日期：2020年05月17日

| 申请部门 | 行政部 | 申请人 | 李宇 |
|---|---|---|---|
| 申请事由 | 支付工程款 | | |
| 收款单位 | 昌明建筑公司 | 收款人 | 昌明建筑公司 |
| 申请付款金额 | ¥40 000.00 | 人民币（大写） | 肆万元整 |
| 付款方式 | 网银 | | |
| 备注 | | | |

主管领导： 雷 鸣　　　　　财务负责人： 刘 岚

---

凭证 5-2-2

 中国银行 BANK OF CHINA　　**国内支付业务付款回单**

| 客户号：66570889 | 日期：2020年05月17日 |
|---|---|
| 付款人账号：9420964141366049011 | 收款人账号：6147618940847899532 |
| 付款人名称：潍坊嘉华电子有限责任公司 | 收款人名称：昌明建筑公司 |
| 付款人开户行：中国银行潍坊市青年路支行 | 收款人开户行：中国工商银行潍坊市纳文路支行 |
| 金额：CNY40,000.00 | |
| 人民币肆万元整 | |
| 报文种类：beps.121.001.01-客户发起普通贷记业务报文 | |
| 业务类型：A100-普通汇兑 | 收支申报号： |
| 业务标识号：2020051721026112 | 业务编号：BNET 5600024770602016/000000000000 |
| 发起行号：106362005126 | 接收行号：106362005131 |
| 发起行名称：中国银行潍坊市青年路支行 | 接收行名称：中国工商银行潍坊市纳文路支行 |
| 扣账账号：9420964141366049011 | 扣账户名：潍坊嘉华电子有限责任公司 |
| 用途：工程款 | |
| 附言： | |
| 普通汇款业务不保证实时到账。该回单只能作为汇出银行受理汇款的依据，不能作为该笔汇款已入收款人账号的证明。 | |
| 交易机构：10630　　交易渠道：网上银行　　交易流水号：6712513675666789　　经办： | |
| 回单编号：2020051743360305　0517　　回单验证码：137M6XJPQABK　　打印时间：　　打印次数：　次 | |

（中国银行股份有限公司 潍坊市青年路支行 业务专用章 8DF6HC82）

凭证 5-3-1

## 潍坊嘉华电子有限责任公司
## 固定资产减少申请书

| 申请部门 | | 申请日期 | |
|---|---|---|---|
| 固定资产名称 | | 购置时间 | |
| 使用部门 | | | |
| 原值 | | | |
| 已提折旧 | | | |
| 减少原因 | | | |
| 公司意见 | | | |

复核：　　　　　　　　　　　　　　　制表：

凭证 5-3-2

## 潍坊嘉华电子有限责任公司
## 固定资产清理损益计算表

| 日期 | | 资产使用部门 | |
|---|---|---|---|
| 资产名称 | | 清理原因 | |
| 清理收入内容 | 金额 | 清理支出内容 | 金额 |
| 残料收入： | | 账面净值： | |
| | | 清理费用： | |
| | | | |
| 固定资产清理净收益（损失"—"）：人民币（大写） | | | |

会计：　　　　　　　复核：　　　　　　　制表：

凭证 5-4-1

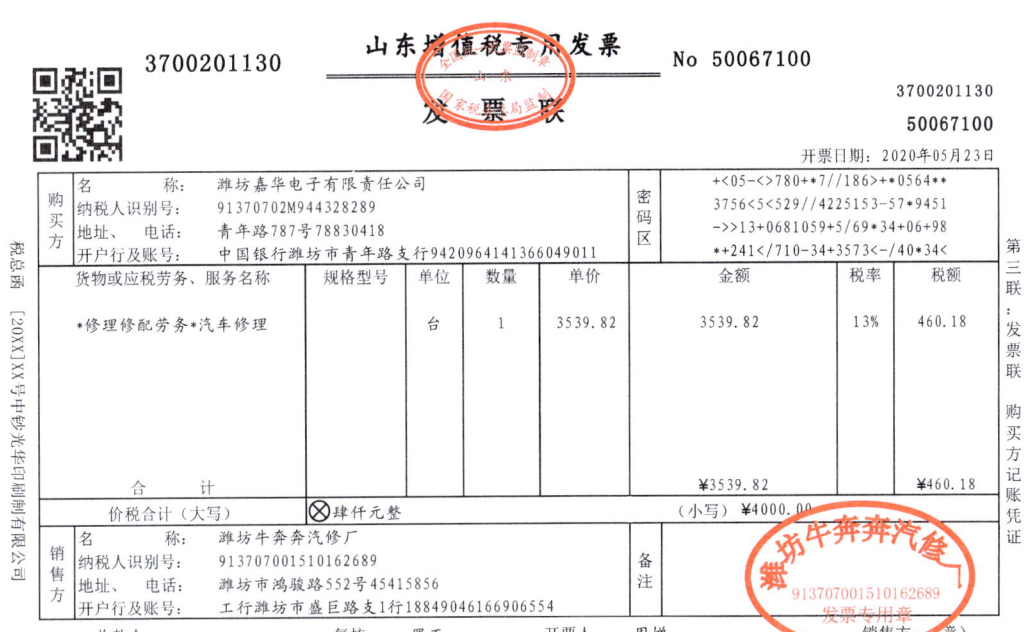

凭证 5-5-1

## 潍坊嘉华电子有限责任公司
## 固定资产折旧计算表

年　月　日

| 使用部门 | 项目 | 原值 | 预计净残值率 | 可使用年限 | 折旧方法 | 月折旧额 |
|---|---|---|---|---|---|---|
| 生产车间 | | | | | | |
| | | | | | | |
| 管理部门 | | | | | | |
| | | | | | | |
| | | | | | | |
| 销售机构 | | | | | | |
| 合计 | | | | | | |

审核：　　　　　　　　　　　　　　　制表：

凭证 5-6-1

## 潍坊嘉华电子有限责任公司
## 固定资产减值准备计算表

年　　月　　日　　　　　　　　　　　　单位：元

| 资产名称 | 期末账面价值 | 可收回金额 | 本期应提取金额 |
|---|---|---|---|
|  |  |  |  |
|  |  |  |  |
| 合　计 |  |  |  |

复核：　　　　　　　　　　　　　　　　　制单：

# 项目六　无形资产核算岗位会计实训

## 一、无形资产核算岗位职责

(1) 会同有关部门建立健全无形资产的核算与管理制度,包括无形资产购入、研发、处置和核算等方面的程序与制度。

(2) 建立无形资产明细核算的凭证传递程序。

(3) 负责无形资产增减的日常核算和监督,根据无形资产的增减凭证完成日常核算。

(4) 按无形资产的摊销方法对无形资产进行摊销。

(5) 了解无形资产的使用情况,运用有关的核算资料分析无形资产的利用效率,改善无形资产的管理工作。

(6) 按出售、出租、报废等不同情况对无形资产处置进行账务处理。

## 二、无形资产核算岗位素质要求

(1) 熟悉无形资产核算相关制度。

(2) 掌握无形资产相关知识。

(3) 具备良好的职业道德素质。

【思政园地】"科技是国之利器,国家赖之以强,企业赖之以赢,人民生活赖之以好。中国要强,中国人民生活要好,必须有强大科技。"在召开的全国科技创新大会、中国科学院第十八次院士大会和中国工程院第十三次院士大会、中国科学技术协会第九次全国代表大会上,习近平总书记再一次地使用了科技是"国之利器"这一表述。

党的二十大报告中提出:"教育、科技、人才是全面建设社会主义现代化国家的基础性、战略性支撑。"无形资产的价值不仅仅体现在自身实现所带来的经济价值上,而且由于围绕获得这种无形资产进行的竞争和模仿所带来的效应,更是增加了无形资产对技术创新的促进和保护作用。

## 三、无形资产核算岗位工作流程及实训要求

无形资产核算岗位的工作流程如图 6-1 所示。

无形资产核算岗位的实训要求如下:

(1) 设置无形资产、累计摊销和无形资产减值准备等相关的明细账和总账,登记期初余额。

(2) 补填有关原始凭证。

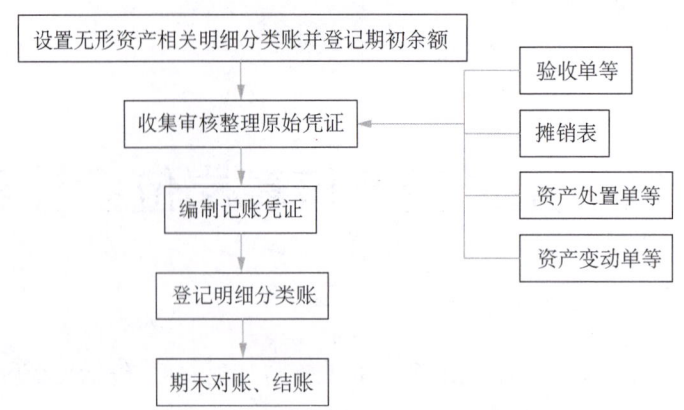

图 6-1 无形资产核算岗位工作流程

（3）根据原始凭证编制记账凭证并将原始单据附后。

（4）根据记账凭证和原始凭证登记无形资产、累计摊销和无形资产减值准备等相关的明细账和总账。

（5）期末将明细账和总账进行核对。

（6）期末结账。

## 四、实训资料

2020 年 6 月 1 日，潍坊嘉华电子有限责任公司无形资产相关的资料如表 6-1 所示。

表 6-1 公司无形资产相关的资料

金额单位：元

| 资产名称 | 原值 | 开始使用时间 | 摊销年限（年） | 月摊销额 | 已提摊销 | 备注 |
| --- | --- | --- | --- | --- | --- | --- |
| 专利权 | 238 000.00 | 2019.08.25 | 10 | 1 983.33 | 19 833.30 | |
| 非专利技术 | 250 000.00 | 2019.12.12 | | | | 不摊销 |
| 合计 | | 488 000.00 | | 1 983.33 | 19 833.30 | |

2020 年 6 月，潍坊嘉华电子有限责任公司发生的与无形资产相关的经济业务如下：

【1】10 日，购入 B 专利技术，款项当日通过网银支付。该专利技术预计使用寿命为 10 年，无残值。

【2】15 日，将专利权转让给佳通机电有限公司，该专利权的实际取得转让价款为 200 000 元（含税），款项还未收到。

【3】30 日，对无形资产进行摊销。

【4】30 日，在对非专利技术进行减值测试时发现，非专利技术可收回金额为 120 000 元（以前未计提减值准备）。

## 五、实训原始凭证

以下是本月无形资产核算岗位所涉及的原始凭证。

凭证6-1-1

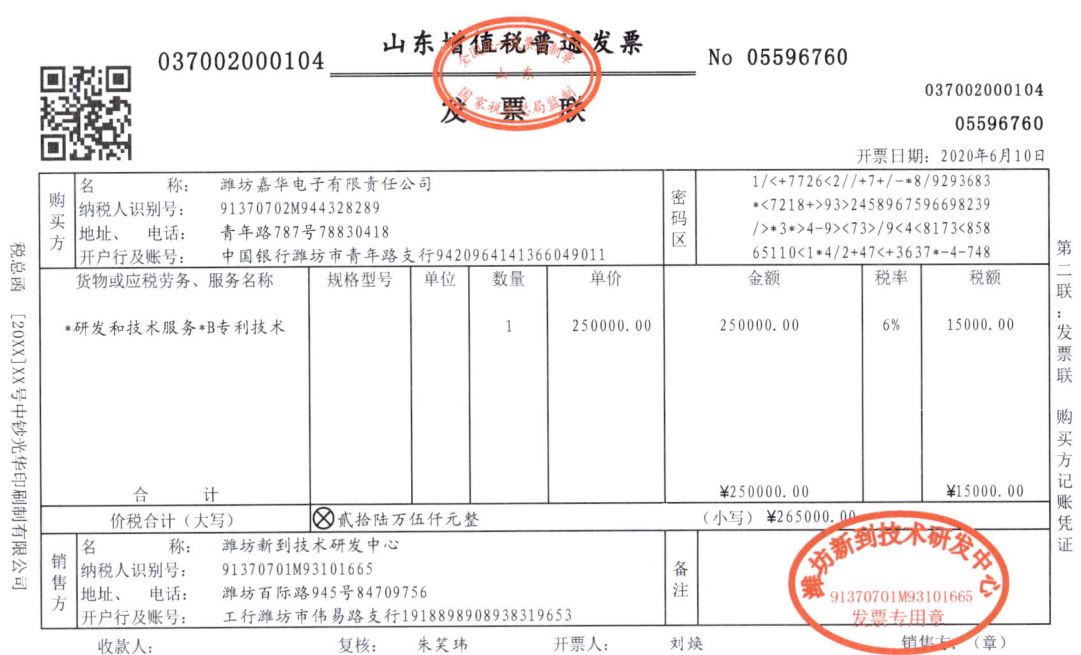

凭证6-1-2

## 潍坊嘉华电子有限责任公司
## 付款申请单

申请日期：2020年06月10日

| 申请部门 | 生产部 | 申请人 | 王意涵 |
|---|---|---|---|
| 申请事由 | 购买B专利技术 | | |
| 收款单位 | 潍坊新到技术研发中心 | 收款人 | 潍坊新到技术研发中心 |
| 申请付款金额 | ¥265 000.00 | 人民币（大写） | 贰拾陆万伍仟元整 |
| 付款方式 | 网银 | | |
| 备注 | | | |

主管领导：雷鸣　　　　　　　　财务负责人：刘岚

凭证 6-1-3

## 中国银行 BANK OF CHINA   国内支付业务付款回单

| 客户号：66570889 | 日期：2020年06月10日 |
|---|---|
| 付款人账号：9420964141366049011 | 收款人账号：1918898908938319653 |
| 付款人名称：潍坊嘉华电子有限责任公司 | 收款人名称：潍坊新到技术研发中心 |
| 付款人开户行：中国银行潍坊市青年路支行 | 收款人开户行：中国工商银行潍坊市伟易路支行 |
| 金额：CNY265,000.00 | |
| 人民币贰拾陆万伍仟元整 | |
| 报文种类：beps.121.001.01-客户发起普通贷记业务报文 | |
| 业务类型：A100-普通汇兑 | 收支申报号： |
| 业务标识号：2020061021026112 | 业务编号：BNET 5600024770606102/000000000000 |
| 发起行行号：106362005126 | 接收行行号：106602166522 |
| 发起行名称：中国银行潍坊市青年路支行 | 接收行名称：中国工商银行潍坊市伟易路支行 |
| 扣账账号：9420964141366049011 | 扣账户名：潍坊嘉华电子有限责任公司 |
| 用途：专利技术款 | |
| 附言： | |

普通汇款业务不保证实时到账。该回单只能作为汇出银行受理汇款的依据，不能作为该笔汇款已入收款人账号的证明。

| 交易机构：10630 | 交易渠道：网上银行 | 交易流水号：6722513675326782 | 经办： |
|---|---|---|---|
| 回单编号：2020061043360305 | 回单验证码：355T9XJMCABQ | 打印时间： | 打印次数：次 |

---

凭证 6-2-1

## 山东省增值税专用发票  No 4551768

3700201130
3700201130
45531769

开票日期：2020年06月15日

| 购买方 | 名　　称：佳通机电有限责任公司<br>纳税人识别号：91370303M576712152<br>地址、电话：淄博张店区美朗路005号32060805<br>开户行及账号：中国农业银行张店区支行6744993874992191507 | 密码区 | 9/319-0*17-460+422094+52+3><br>-55<7<89*01977/3>3<287<1+*>Q5<br>*331+8/5><-851-9747/2</5608<br>>+6240<62*36+626*--*9<5>508 |
|---|---|---|---|

| 货物或应税劳务、服务名称 | 规格型号 | 单位 | 数量 | 单价 | 金额 | 税率 | 税额 |
|---|---|---|---|---|---|---|---|
| *专利技术转让*专利权 | | | | | 188679.25 | 6% | 11320.75 |
| 合　　计 | | | | | ¥188679.25 | | ¥11320.75 |

| 价税合计（大写） | ⊗贰拾万元整 | （小写）¥200000.00 |
|---|---|---|

| 销售方 | 名　　称：潍坊嘉华电子有限责任公司<br>纳税人识别号：91370702M944328289<br>地址、电话：青年路787 78830418<br>开户行及账号：中国银行潍坊市青年路支行9420964141366049011 | 备注 | |
|---|---|---|---|

收款人： 复核：王芸 开票人：洪丽 销售方：（章）

第一联：记账联 销售方记账凭证

凭证 6-3-1

## 潍坊嘉华电子有限责任公司
## 无形资产摊销计算表

年　　月　　日

| 项目 | 计算基数 | 摊销期 | 月摊销额 |
|---|---|---|---|
|  |  |  |  |
|  |  |  |  |
|  |  |  |  |
|  |  |  |  |
|  |  |  |  |

审核：　　　　　　　　　　　　　　　　　制表：

凭证 6-4-1

## 无形资产减值准备计算表

年　　月　　日　　　　　　单位：元

| 资产名称 | 期末账面价值 | 可收回金额 | 应计提金额 | 计提前"无形资产减值准备"账户余额 | 本期应提取数额 |
|---|---|---|---|---|---|
|  |  |  |  |  |  |
|  |  |  |  |  |  |
| 合计 |  |  |  |  |  |

审核：　　　　　　　　　　　　　　　　　制表：

# 项目七　职工薪酬核算岗位会计实训

## 一、职工薪酬核算岗位职责

(1) 监督职工薪酬的计算与资金的使用。
(2) 审核发放的职工货币性工资和奖金。
(3) 审核各项货币性和非货币性职工福利的支付。
(4) 负责职工薪酬的明细核算,以及职工薪酬的分配核算。
(5) 计提企业的各项社会保险费和住房公积金、工会经费和职工教育经费,负责核算各项社会保险费和住房公积金。

## 二、职工薪酬核算岗位素质要求

(1) 及时了解相关政策,认真贯彻执行国家有关职工薪酬方面的政策、法规。
(2) 熟悉职工薪酬包括的具体内容和勾稽关系。
(3) 熟悉职工工资总额的构成,能够正确计算各项社会保险费和住房公积金、工会经费和职工教育经费,以及个人所得税。

【思政园地】党的二十大报告中提出:"努力提高居民收入在国民收入分配中的比重,提高劳动报酬在初次分配中的比重。坚持多劳多得,鼓励勤劳致富,促进机会公平,增加低收入者收入,扩大中等收入群体。完善按要素分配政策制度,探索多种渠道增加中低收入群众要素收入,多渠道增加城乡居民财产性收入。"职工薪酬是有效连接职工和企业的桥梁,职工薪酬的核算是每个工作岗位价值管理的精细化体现。只有做到公平公正公开,恪尽职守,让职工的收获与付出成正比,才能使得每个职工都能爱岗、敬业。这也是社会主义核心价值观最直观的体现。

## 三、职工薪酬核算岗位工作流程及实训要求

职工薪酬核算岗位的工作流程如图7-1所示。
职工薪酬核算岗位的实训要求如下:
(1) 根据经济业务填写相关的原始凭证并进行审核。
(2) 根据原始凭证填制记账凭证并进行审核。
(3) 按各薪酬项目开设"应付职工薪酬"明细账,并根据审核后的记账凭证登记明细账。
(4) 设置"应付职工薪酬"总账,并根据记账凭证登记总账。

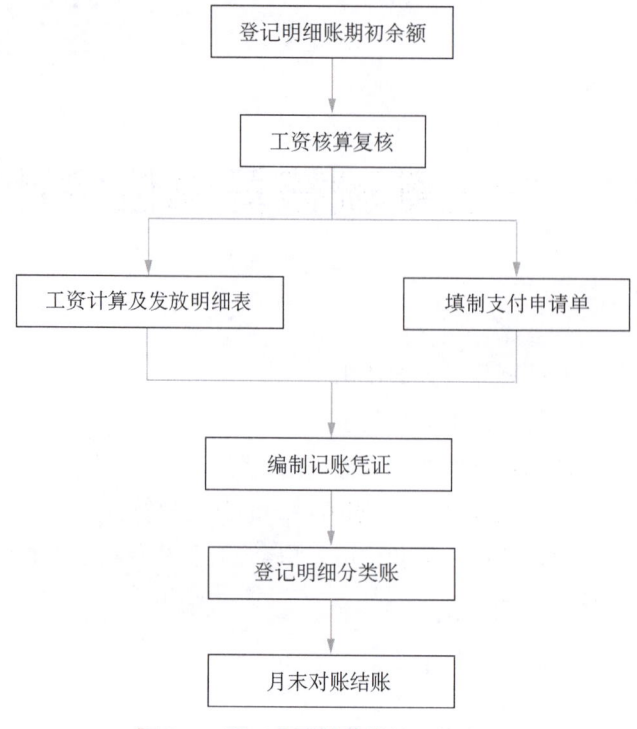

图 7-1 职工薪酬核算岗位工作流程

## 四、实训资料

潍坊嘉华电子有限责任公司 2020 年 7 月初薪酬核算账户余额如表 7-1 所示。

表 7-1 公司薪酬核算账户余额

单位:元

| 账户名称 | 金额 |
| --- | --- |
| 应付职工薪酬 | 1 186 172.67 |
| 应付职工薪酬——工资 | 731 525.00 |
| 应付职工薪酬——社会保险费 | 234 852.45 |
| 应付职工薪酬——住房公积金 | 92 099.00 |
| 应付职工薪酬——工会经费 | 37 926.68 |
| 应付职工薪酬——职工教育经费 | 89 769.54 |
| 其他应付款 | 186 960.97 |
| 其他应付款——社会保险费 | 94 861.97 |
| 其他应付款——住房公积金 | 92 099.00 |
| 应交税费 | 2 504.03 |
| 应交税费——应交个人所得税 | 2 504.03 |

2020年7月,潍坊嘉华电子有限责任公司发生的与职工薪酬相关的业务如下:

【1】1日,为管理部门员工租住的宿舍的租金到期,续交下半年房屋租金。

【2】6日,用现金支付困难职工生活补助。

【3】10日,公司下设员工食堂按照每月150元补贴给每位员工,已充值到员工饭卡中。

【4】15日,根据6月"工资发放表"签发支票,通过银行发放工资。

【5】20日,交纳6月的社会保险费。

【6】20日,交纳6月的住房公积金。

【7】25日,将自产产品智能音箱作为福利发放给公司员工。该产品市场售价为1 000元,成本为600元。

【8】30日,根据"工资结算汇总表"计提本月工资并代扣各种款项。

【9】31日,计提本月企业承担的"五险一金"费用。

【10】31日,计提本月的工会经费和职工教育经费。

## 五、实训原始凭证

以下是本月职工薪酬核算岗位所涉及的原始凭证。

凭证 7-1-1

山东增值税普通发票  No 32382265

开票日期：2020年07月01日

| 购买方 | 名　称： | 潍坊嘉华电子有限责任公司 | | | | | 密码区 | 08+352*5><8//5+765106-32203<br>+5<2>8-++058448*7>84/++1721<br><*<*5-407<4<3-97<25140+749/6<br>5>2-+>595621-32<01403>88735 | | |
|---|---|---|---|---|---|---|---|---|---|---|
| | 纳税人识别号： | 91370702M944328289 | | | | | | | | |
| | 地址、电话： | 青年路787号 78830418 | | | | | | | | |
| | 开户行及账号： | 中国银行潍坊市青年路支行9420964141366049011 | | | | | | | | |
| 货物或应税劳务、服务名称 | | 规格型号 | 单位 | 数量 | 单价 | | 金额 | | 税率 | 税额 |
| *不动产经营租赁*房租 | | | 月 | 6 | 9174.32 | | 55045.90 | | 9% | 4954.10 |
| 合　计 | | | | | | | ¥55045.90 | | | ¥4954.10 |
| 价税合计（大写） | | ⊗ 陆万元整 | | | | | （小写）¥60000.00 | | | |
| 销售方 | 名　称： | 潍坊安居不动产公司 | | | | | 备注 | | | |
| | 纳税人识别号： | 91370700M103940786 | | | | | | | | |
| | 地址、电话： | 潍坊市佰馨路890号 15453753 | | | | | | | | |
| | 开户行及账号： | 工行潍坊市金迅路支行8392087120067006925 | | | | | | | | |
| 收款人：陈明 | | | 复核：梁国 | | | | 开票人：黄文 | | 销售方：（章） | |

凭证 7-1-2

中国银行 BANK OF CHINA

**国内支付业务付款回单**

| 客户号：66570889 | 日期：2020年07月01日 |
|---|---|
| 付款人账号：9420964141366049011 | 收款人账号：8392087120067006925 |
| 付款人名称：潍坊嘉华电子有限责任公司 | 收款人名称：潍坊安居不动产公司 |
| 付款人开户行：中国银行潍坊市青年路支行 | 收款人开户行：工行潍坊市金迅路支行 |
| 金额：CNY60,000.00 | |
| 人民币陆万元整 | |

报文种类：beps.121.001.01-客户发起普通贷记业务报文

| 业务类型：A100-普通汇兑 | 收支申报号： |
|---|---|
| 业务标识号：2020070121026132 | 业务编号：BNET 5600024770602016/000000000000 |
| 发起行行号：106362005126 | 接收行行号：109847365464 |
| 发起行名称：中国银行潍坊市青年路支行 | 接收行名称：工行潍坊市金迅路支行 |
| 扣账账号：9420964141366049011 | 扣账户名：潍坊嘉华电子有限责任公司 |
| 用途：租金 | |
| 附言： | |

普通汇款业务不保证实时到账。该回单只能作为汇出银行受理汇款的依据，不能作为该笔汇款已入收款人账号的证明。

| 交易机构：10630 | 交易渠道：网上银行 | 交易流水号：6712513675326789 | 经办： |
|---|---|---|---|
| 回单编号：2020070143360305 | 回单验证码：242K3XJZDABK | 打印时间： | 打印次数：次 |

凭证 7-2-1

## 潍坊嘉华电子有限责任公司
## 职工困难补助申请表

2020年07月06日

| 申请人姓名 | 王爱芳 | 所在部门 | 传感器车间 | | 职务 | 工人 |
|---|---|---|---|---|---|---|
| 申请金额 | ¥5 000.00 | | 大写金额 | | 人民币伍仟元整 | |
| 申请理由 | | | 爱人去世，孩子病重 | | | |
| 工会小组意见 | 情况属实，建议补助伍仟元整。 | 厂工会意见 | 同意工会小组意见。 | 签收（签字）： | | 王爱芳 |

（现金付讫）

凭证 7-3-1

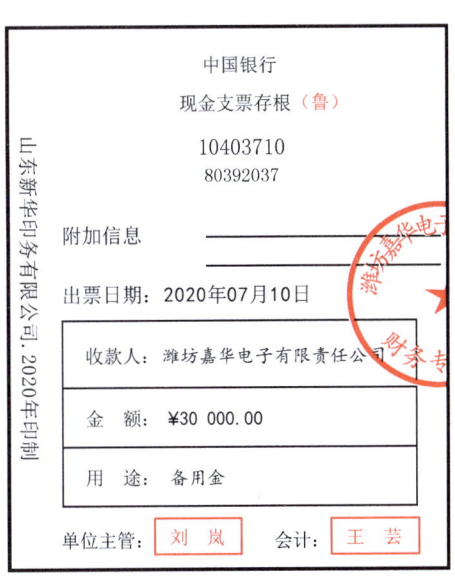

中国银行
现金支票存根（鲁）
10403710
80392037

附加信息 _____
_____
出票日期：2020年07月10日
收款人：潍坊嘉华电子有限责任公司
金　额：¥30 000.00
用　途：备用金
单位主管 刘岚　　会计 王芸

凭证 7-3-2

## 潍坊嘉华电子有限责任公司
## 2020年7月饭卡充值明细

2020年07月10日

| 车间及部门 | | 部门人数 | 充值金额 |
|---|---|---|---|
| 生产车间 | 传感器工人 | 90 | 13 500.00 |
| | 传声器工人 | 80 | 12 000.00 |
| | 车间管理人员 | 10 | 1 500.00 |
| 管理部门 | | 12 | 1 800.00 |
| 销售机构 | | 8 | 1 200.00 |
| 合计 | | 200 | ¥30 000.00 |

现金付讫

审核人：刘 岚　　　　　　　　　　　　制表人：李 洁

凭证 7-4-1

## 潍坊嘉华电子有限责任公司
## 工 资 发 放 表

2020年07月　　　　　　　　　　　　单位：元

| 姓名 | 属性 | 基本工资 | 加班费 | 奖金补贴 | 应发工资 | 代扣款项 | 实发工资 | 签名 |
|---|---|---|---|---|---|---|---|---|
| 王蒙 | 工人 | 1 600.00 | 800.00 | 300.00 | 2 700.00 | 573.00 | 2 700.00 | *** |
| …… | …… | …… | …… | …… | …… | …… | …… | *** |
| 传感器工人合计 | | 292 320.00 | 42 850.00 | 58 130.00 | 393 300.00 | 80 215.00 | 313 085.00 | |
| 李方 | 工人 | 1 700.00 | 800.00 | 400.00 | 2 900.00 | 562.00 | 2 900.00 | *** |
| …… | …… | …… | …… | …… | …… | …… | …… | *** |
| 传声器工人合计 | | 211 680.00 | 29 350.00 | 43 570.00 | 284 600.00 | 58 080.00 | 226 520.00 | |
| 夏阳 | 管理 | 2 000.00 | 900.00 | 300.00 | 3 200.00 | 591.00 | 3 200.00 | *** |
| …… | …… | …… | …… | …… | …… | …… | …… | *** |
| 车间管理合计 | | 91 600.00 | 10 140.00 | 23 420.00 | 125 160.00 | 25 866.00 | 99 294.00 | |
| 刘永 | 管理 | 2 200.00 | 1 000.00 | 500.00 | 3 700.00 | 602.00 | 3 700.00 | *** |
| …… | …… | …… | …… | …… | …… | …… | …… | *** |
| 管理部门合计 | | 67 400.00 | 4 910.00 | 17 840.00 | 90 150.00 | 18 934.00 | 71 216.00 | |
| 张力 | 销售 | 1 900.00 | 900.00 | 600.00 | 3 400.00 | 712.00 | 3 400.00 | *** |
| …… | …… | …… | …… | …… | …… | …… | …… | *** |
| 销售机构合计 | | 15 160.00 | 2 360.00 | 10 260.00 | 27 780.00 | 6 370.00 | 21 410.00 | |
| 总计 | | 678 160.00 | 89 610.00 | 153 220.00 | 920 990.00 | 189 465.00 | 731 525.00 | |

审核人：刘 岚　　　　　　　　　　　　制表人：李 洁

凭证 7-4-2

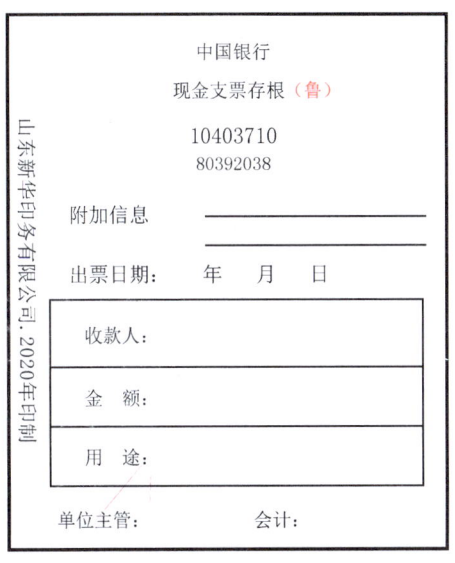

凭证 7-5-1

## 山东省社会保险基金专用票据

缴款人：潍坊嘉华电子有限责任公司　　　　经济类别：企业
No.A47683097

| 收费项目 | 起始年月 | 终止年月 | 人数 | 单位缴纳额（元） | 个人缴纳额（元） | 滞纳金（元） | 利息（元） | 合计（元） |
|---|---|---|---|---|---|---|---|---|
| 基本养老保险 | 2020.07 | 2020.07 | 200 | 147 358.40 | 73 679.20 | | | 221 037.60 |
| 失业保险 | 2020.07 | 2020.07 | 200 | 6 446.93 | 2 762.97 | | | 9 209.90 |
| 工伤保险 | 2020.07 | 2020.07 | 200 | 7 367.92 | 0 | | | 7 367.92 |
| | | | | | | | | |
| | | | | | | | | |

金额合计（大写）：贰拾叁万柒仟陆佰壹拾伍元肆角贰分　　　　　　　（小写）：237 615.42

收款单位（盖章）：　　财务复核人：　　业务复核人：　　经办人：刘明

凭证 7-5-2

## 山东省社会保险基金专用票据

2020年07月20日

缴款人：潍坊嘉华电子有限责任公司　　　经济类别：企业

No.A47657021

| 收费项目 | 起始年月 | 终止年月 | 人数 | 单位缴纳额（元） | 个人缴纳额（元） | 滞纳金（元） | 利息（元） | 合计（元） |
|---|---|---|---|---|---|---|---|---|
| 基本医疗保险 | 2020.07 | 2020.07 | 200 | 64 469.30 | 18 419.80 | | | 82 889.10 |
| 生育保险 | 2020.07 | 2020.07 | 200 | 9 209.90 | 0 | | | 9 209.90 |
| | | | | | | | | |
| | | | | | | | | |
| | | | | | | | | |

第三联　收据

金额合计（大写）：玖万贰仟零玖拾玖元整　　　　　　　　　　（小写）：¥92 099.00

收款单位（盖章）：　　　财务复核人：　　　业务复核人：　　　经办人：刘明

---

凭证 7-5-3

中国银行
转账支票存根（鲁）

10403720
29584662

附加信息 _____

出票日期：2020年07月20日

收款人：潍坊市社会保险中心

金　额：¥237 615.42

用　途：社保费

单位主管　刘岚　　会计　王芸

山东新华印务有限公司 2020年印制

凭证 7-5-4

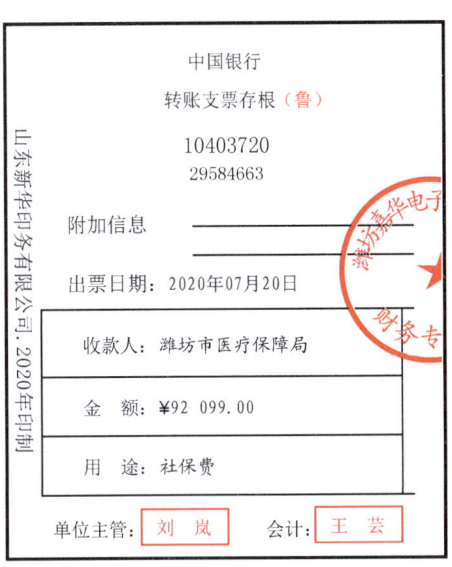

凭证 7-6-1

## 潍坊市住房公积金汇（补）缴书
2020年07月20日

| 收款单位 | 潍坊市住房公积金管理中心 | | | | | 缴款单位 | | 潍坊嘉华电子有限责任公司 | |
|---|---|---|---|---|---|---|---|---|---|
| 账号 | | | | | | 单位账号 | | 03823045 | |
| 开户银行 | | | | | | 汇缴年月 | | 2020年07月 | |
| 缴存总金额 | ¥184 198.00 | | | | | （大写） | | 壹拾捌万肆仟壹佰玖拾捌元整 | |
| 上月汇缴 | | 本月增加汇缴 | | 本月减少汇缴 | | 基数调整 | | 本月汇缴 | |
| 人数 | 金额 | 人数 | 金额 | 人数 | 金额 | 人数 | 金额 | 人数 | 金额 |
| 200 | 184 198.00 | 0 | 0 | 0 | 0 | | | 200 | 184 198.00 |

录入：　　　　　复核：　　　　　记账：　　　　　经办：张晨

凭证7-6-2

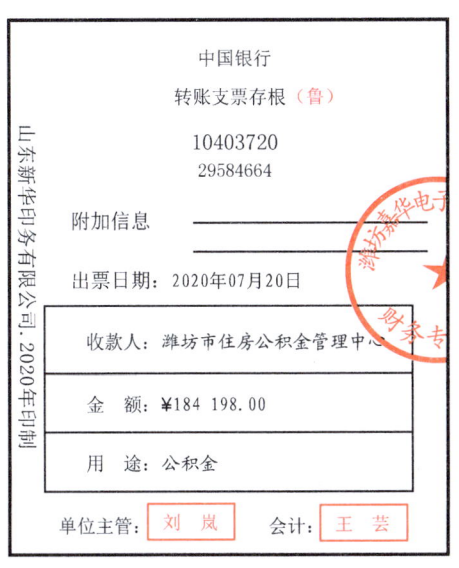

凭证7-7-1

## 潍坊嘉华电子有限责任公司福利发放表

2020年07月25日

| 车间及部门 | | 数量/台 | 领取签字 |
|---|---|---|---|
| 生产车间 | 传感器工人 | 90 | 王军 |
| | 传声器工人 | 80 | 赵元 |
| | 车间管理人员 | 10 | 李源 |
| 管理部门 | | 12 | 吴芳 |
| 销售机构 | | 8 | 刘强 |
| 合计 | | 200 | |

审核人： 刘岚　　　　　　　　　　　制表人： 李洁

凭证 7-7-2

## 潍坊嘉华电子有限责任公司
### 出 库 单

No.84781202

购货单位：潍坊嘉华电子有限责任公司　　2020年07月25日

| 编号 | 商品名称及规格 | 单位 | 数量 | 单价 | 金额 | 备注 |
|---|---|---|---|---|---|---|
| 1 | 智能音箱 | 台 | 200 | | | |
| | | | | | | |
| | | | | | | |
| | | | | | | |

第二联 记账联

保管员：严 谨　　　记账：王 芸　　　制单：孟红伟

凭证 7-8-1

## 潍坊嘉华电子有限责任公司
### 工资结算汇总表

2020年07月　　　　　　　　　　单位：元

| 部门 \ 项目 | 基本工资 | 加班费 | 奖金补贴 | 应发工资 | 代扣款项 | | | | 个人所得税 | 合计 | 实发工资 |
| | | | | | 养老保险 8% | 医疗保险 2% | 失业保险 0.30% | 住房公积金 10% | | | |
|---|---|---|---|---|---|---|---|---|---|---|---|
| 生产车间 传感器工人 | 292 320.00 | 40 650.00 | 57 030.00 | 390 000.00 | 31 200.00 | 7 800.00 | 1 170.00 | 39 000.00 | 370.00 | 79 540.00 | 310 460.00 |
| 生产车间 传声器工人 | 211 680.00 | 28 950.00 | 41 370.00 | 282 000.00 | 22 560.00 | 5 640.00 | 846.00 | 28 200.00 | 302.00 | 57 548.00 | 224 452.00 |
| 生产车间 管理人员 | 91 600.00 | 9 840.00 | 21 560.00 | 123 000.00 | 9 840.00 | 2 460.00 | 369.00 | 12 300.00 | 456.00 | 25 425.00 | 97 575.00 |
| 生产车间 小计 | 595 600.00 | 79 440.00 | 119 960.00 | 795 000.00 | 63 600.00 | 15 900.00 | 2 385.00 | 79 500.00 | 1 128.00 | 162 513.00 | 632 487.00 |
| 管理部门 | 67 400.00 | 4 720.00 | 16 880.00 | 89 000.00 | 7 120.00 | 1 780.00 | 267.00 | 8 900.00 | 624.00 | 18 691.00 | 70 309.00 |
| 销售机构 | 15 160.00 | 2 240.00 | 9 600.00 | 27 000.00 | 2 160.00 | 540.00 | 81.00 | 2 700.00 | 720.00 | 6 201.00 | 20 799.00 |
| 合计 | 678 160.00 | 86 400.00 | 146 440.00 | 911 000.00 | 72 880.00 | 18 220.00 | 2 733.00 | 91 100.00 | 2 472.00 | 187 405.00 | 723 595.00 |

审核人：刘 岚　　　制表人：李 洁

凭证 7-9-1

## 潍坊嘉华电子有限责任公司
## "五险一金"计算分配表

年　月　日　　　　　　　　　　　　　　　　　　单位：元

| 部门 | 项目 | 工资总额 | 养老保险（18%） | 医疗保险（7%） | 失业保险（1%） | 工伤保险（0.8%） | 生育保险（1%） | 小计 | 住房公积金（10%） | 合计 |
|---|---|---|---|---|---|---|---|---|---|---|
| 生产车间 | 传感器工人 | | | | | | | | | |
| | 传声器工人 | | | | | | | | | |
| | 车间管理人员 | | | | | | | | | |
| 管理部门 | | | | | | | | | | |
| 销售机构 | | | | | | | | | | |
| 合计 | | | | | | | | | | |

审核：　　　　　　　　　　　　　　　　制单：

凭证 7-10-1

## 潍坊嘉华电子有限责任公司
## 工会、职工教育经费计算分配表

年　月　日　　　　　　　　　　　　　　单位：元

| 部门 | 项目 | 工资总额 | 工会经费（2%） | 职工教育经费（8%） | 合计 |
|---|---|---|---|---|---|
| 生产车间 | 传感器工人 | | | | |
| | 传声器工人 | | | | |
| | 车间管理人员 | | | | |
| 管理部门 | | | | | |
| 销售机构 | | | | | |
| 合计 | | | | | |

审核：　　　　　　　　　　　　　　制单：

# 项目八　税务核算岗位会计实训

## 一、税务核算岗位职责

(1) 办理税务登记、变更等有关事项。
(2) 负责发票的购买和认证抵扣。
(3) 办理公司税款的计算、申报、交纳、核查。
(4) 及时了解相应税收优惠政策,办理有关的免税申请和税收返还。
(5) 及时编制并向税务局报送相关的报表。
(6) 办理其他与税务有关的事宜。

## 二、税务核算岗位素质要求

(1) 熟悉相关税法的规定和最新税收优惠政策,掌握各税种的会计处理方法,通晓会计与税法的联系和区别,能够熟练、准确的计算各项税种的应纳税额,正确填制纳税申报表。

(2) 熟悉纳税申报业务的具体流程,能及时、准确的申报缴纳各种税款。保证报税程序合法,内容真实,税款计算准确,缴纳及时。

(3) 能进行各税种的明细分类核算,掌握各类明细账的设置、登记、核对、报结等。

【思政园地】党的二十大报告中指出:"江山就是人民,人民就是江山。中国共产党领导人民打江山、守江山,守的是人民的心。治国有常,利民为本。为民造福是立党为公、执政为民的本质要求。必须坚持在发展中保障和改善民生,鼓励共同奋斗创造美好生活,不断实现人民对美好生活的向往。"税收作为国家公共财政最主要的收入形式和来源,体现了一定社会制度下国家与纳税人在征收、纳税的利益分配上的一种特定分配关系。税收取之于民,用之于民。依法纳税是每个公民应尽的义务。本岗位要求以良好的思想品德为指导,坚守道德情操,有依法纳税意识,能及时了解最新的税收优惠政策,合理合法纳税,使企业平稳健康发展。

## 三、税务核算岗位工作流程及实训要求

税务核算岗位的工作流程如图 8-1 所示。
税务核算岗位的实训要求如下:
(1) 审核经济业务发生时的原始凭证并编制记账凭证。
(2) 按税种设置"应交税费"明细账,并根据审核后的记账凭证逐笔登记。

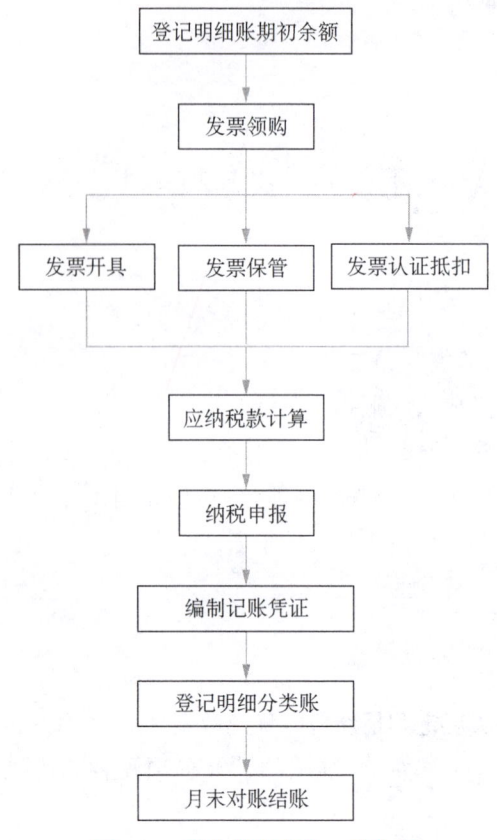

图 8-1 税务核算岗位工作流程

（3）设置"应交税费"总账并根据记账凭证进行登记。

（4）填写纳税申报表。

## 四、实训资料

潍坊嘉华电子有限责任公司 2020 年 8 月初"应交税费"账户余额如表 8-1 所示。

表 8-1 "应交税费"账户余额表

单位：元

| 账户名称 | 金额 |
| --- | --- |
| 应交税费 | 28 201.60 |
| 应交税费——未交增值税 | 25 180.00 |
| 应交税费——应交教育费附加 | 1 259.00 |
| 应交税费——应交城市维护建设税 | 1 762.60 |

2020 年 8 月，潍坊嘉华电子有限责任公司发生的与税费相关的业务如下：

【1】3 日，网上申报上月税款并通过自动划款交纳上月税费。

【2】4日,销售给山东光明有限责任公司传感器 5 000 只,单价为 10 元。已在银行办妥托收手续。

【3】7日,销售给顺达机电公司传声器 6 000 只,单价为 6 元。收到转账支票一张并存入银行。

【4】8日,从海星机电有限公司购入放大器 20 000 只,单价为 1.8 元,款项尚未支付。

【5】11日,从新海机电有限公司购进线圈 10 000 只,单价为 0.4 元。开出商业承兑汇票 1 张结算货款。

【6】12日,山东光明有限公司收到传感器后发现有 300 只质量不合格,要求退回。商品已退回,剩余款项已结清。

【7】14日,销售给春明机电有限公司传感器和传声器各 2 000 只,单价分别为 10 元和 6 元。

【8】15日,将自产智能音箱 10 台捐赠给希望小学。该产品市场售价为 1 000 元,成本为 600 元。

【9】25日,将多余的 4 000 只放大器销售给北辰机械厂,单价为 2 元。

【10】28日,公司仓库被盗,导致放大器丢失 1 000 只,每只采购成本为 1.8 元。经查是由于仓库保管员管理不善造成的,经批准计入管理费用。

【11】31日,计算本月增值税并填写纳税申报表。

【12】31日,计算本月应交的城市维护建设税和教育费附加。

## 五、实训原始凭证

以下是税务核算岗位所涉及的原始凭证。

凭证8-1-1

## 中华人民共和国
### 税收电子转账专用完税凭证

（2020）鲁国税 （第12号）

填发日期：2020 年 08月 03 日

| 税务登记代码 | 91370702M944328289 | | 征收机关 | 潍坊市国家税务局潍城分局 |
|---|---|---|---|---|
| 纳税人全称 | 潍坊嘉华电子有限责任公司 | | 收款银行<br>（邮局） | 中国银行潍坊市青年路支行 |
| 税（费）种 | | 税款所属时期 | | 实缴金额 |
| 增值税（13%） | | 2020.07.01至2020.07.31 | | 25 180.00 |
| 城市维护建设税（7%） | | 2020.07.01至2020.07.31 | | 1 762.60 |
| 教育费附加（5%） | | 2020.07.01至2020.07.31 | | 1 259.00 |
| 金额合计 | （大写）贰万捌仟贰佰零壹元陆角整 | | | |
| 税务机关 | 备注 | | 上列款项已收妥并划缴<br>收款单位账户国库（银行）盖章 | 8DF6HC82<br>6698A3T5 |
| | 电脑打印 | 手写无效 | | |

凭证8-2-1

### 山东增值税专用发票

3700201130  No 69695014

此联不得报销 抵税凭证使用

3700201130
69695014

开票日期：2020年08月04日

| 购买方 | 名称： | 山东光明有限责任公司 | | | | | 密码区 | *236/3593**412-/3512<375830<br>95/6*1*-+/7/7+-7+--5+03-5167<br>271102<25990//41*631722>47<<br>-87*//><6*4>841/*14+13+-*>3 | | | 第一联：记账联 销售方记账凭证 |
|---|---|---|---|---|---|---|---|---|---|---|---|
| | 纳税人识别号： | 91370305M086064075 | | | | | | | | | |
| | 地址、电话： | 淄博市临淄区联誉路938号83095097 | | | | | | | | | |
| | 开户行及账号： | 中国工商银行临淄支行1847411001286795092 | | | | | | | | | |
| 货物或应税劳务、服务名称 | | 规格型号 | 单位 | 数量 | 单价 | 金额 | | | 税率 | 税额 | |
| *电声器件*传感器 | | | 件 | 5000 | 10.00 | 50000.00 | | | 13% | 6500.00 | |
| 合计 | | | | | | ¥50000.00 | | | | ¥6500.00 | |
| 价税合计（大写） | | ⊗伍万陆仟伍佰元整 | | | | （小写）¥56500.00 | | | | | |
| 销售方 | 名称： | 潍坊嘉华电子有限责任公司 | | | | | 备注 | | | | |
| | 纳税人识别号： | 91370702M944328289 | | | | | | | | | |
| | 地址、电话： | 青年路787号78830418 | | | | | | | | | |
| | 开户行及账号： | 中国银行潍坊市青年路支行9420964141366049011 | | | | | | | | | |

收款人： 复核：王芸 开票人：洪丽 销售方：（章）

凭证 8-2-2

## 委托收款凭证（回单）1

委托日期　2020年08月04日　　　　　№ 448807

| 出票人 | 全称 | 山东光明有限责任公司 | 收款人 | 全称 | 潍坊嘉华电子有限责任公司 |
|---|---|---|---|---|---|
| | 账号 | 1847411001286795092 | | 账号 | 9420964141366049011 |
| | 开户银行 | 中国工商银行临淄支行 | | 开户银行 | 中国银行潍坊市青年路支行 |
| 委托金额 | 人民币（大写） | 伍万陆仟伍佰元整 | | | ￥5 6 5 0 0 0 0 （千百十万千百十元角分）|
| 款项内容 | 货款 | 委托收款凭据名称 | | 附寄单证张数 | |
| 备注： | | 款项受托日期　2020年08月04日 | | 收款人开户行盖章　2020年08月04日 | （中国银行股份有限公司 潍坊市青年路支行 业务专用章 8DF6HC82） |

此联收款人开户银行受理的回单

---

凭证 8-2-3

## 潍坊嘉华电子有限责任公司
## 出　库　单

No. 81117125

购货单位：山东光明有限责任公司　　　2020年08月04日

| 编号 | 商品名称及规格 | 单位 | 数量 | 备注 |
|---|---|---|---|---|
| 1 | 传感器 | 件 | 5 000 | |
| | | | | |
| | | | | |
| | | | | |

第二联 记账联

保管员：严谨　　　记账：王芸　　　制单：孟红伟

凭证8-3-1

| | | | | | | | | |
|---|---|---|---|---|---|---|---|---|
| | 3700201130 | 山东增值税专用发票 | | No 69695015 | | | 3700201130 | |
| | | 此联不作报销 抵扣税款凭证使用 | | | | | 69695015 | |

开票日期：2020年08月07日

| 购买方 | 名　　　称： 顺达机电公司 纳税人识别号： 91370702M303069574 地　址、电话： 潍坊潍城区诺阳路628号61081692 开户行及账号： 中国银行潍坊市青年路支行8745082583173947553 | 密码区 | ><64/562*35241509-+-2559/3< 4957+61+/7*3*2*81<<<676/2+7 >6376*2/66>11/>0>>9392*6>26 >06+03758714><5/1197<<6375* |
|---|---|---|---|

| 货物或应税劳务、服务名称 | 规格型号 | 单位 | 数量 | 单价 | 金额 | 税率 | 税额 |
|---|---|---|---|---|---|---|---|
| *电声器件*传声器 | | 件 | 6000 | 6.00 | 36000.00 | 13% | 4680.00 |
| 合计 | | | | | ¥36000.00 | | ¥4680.00 |
| 价税合计（大写） | ⊗ 肆万零陆佰捌拾元整 | | | | （小写） ¥40680.00 | | |

| 销售方 | 名　　　称： 潍坊嘉华电子有限责任公司 纳税人识别号： 91370702M944328289 地　址、电话： 青年路787号78830418 开户行及账号： 中国银行潍坊市青年路支行9420964141366049011 | 备注 | |
|---|---|---|---|

收款人： 　　　　　　复核：王芸　　　　　　开票人：洪丽　　　　　　销售方：（章）

凭证8-3-2（注：转账支票在银行办理入账手续后即被银行收回，企业在账务处理时不会用到转账支票，此处附一张转账支票仅供学生认知使用）

中国银行　转账支票（鲁）　　10403720　99719181

出票日期（大写）贰零贰零 年零捌 月 零柒 日　　付款行名称：中国银行潍坊市青年路支行
收款人：潍坊嘉华电子有限责任公司　　出票人账号：8745082583173947553

人民币（大写）　肆万零陆佰捌拾元整　　¥ 40680 00

用途：货款
密码：3103926295981198

付款期限自出票之日起十天

出票人签章　　复核　　记账

凭证 8-3-3

## 中国银行 进 账 单（收账通知）

2020 年 08 月 07 日　　　　　№ 18173324

| 出票人 | 全称 | 顺达机电公司 | 收款人 | 全称 | 潍坊嘉华电子有限责任公司 |
|---|---|---|---|---|---|
| | 账号 | 8745082583173947553 | | 账号 | 9420964141366049011 |
| | 开户银行 | 中国银行潍坊市青年路支行 | | 开户银行 | 中国银行潍坊市青年路支行 |

| 金额 | 人民币（大写） | 肆万零陆佰捌拾元整 | 千 | 百 | 十 | 万 | 千 | 百 | 十 | 元 | 角 | 分 |
|---|---|---|---|---|---|---|---|---|---|---|---|---|
| | | | | | ¥ | 4 | 0 | 6 | 8 | 0 | 0 | 0 |

| 票据种类 | 转账支票 | 票据张数 | 1 |
|---|---|---|---|
| 票据号码 | 99719181 | | |

（盖章：中国银行股份有限公司 潍坊市青年路支行 业务专用章 8DF6HC82）

复核　　　记账　　　　　　　　收款单位开户行盖章

此联是收款人开户银行给收款人的收账通知

---

凭证 8-3-4

## 潍坊嘉华电子有限责任公司
### 出 库 单

No.81117126

购货单位：顺达机电公司　　　2020年08月07日

| 编号 | 商品名称及规格 | 单位 | 数量 | 备注 |
|---|---|---|---|---|
| 1 | 传声器 | 件 | 6 000 | |
| | | | | |
| | | | | |
| | | | | |

保管员　严谨　　　记账　王芸　　　制单　孟红伟

第二联 记账联

凭证 8-4-1

## 山东增值税专用发票  No 93609036

3700201130

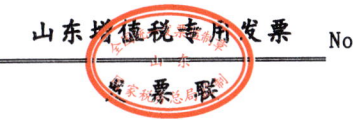

3700201130
93609036

开票日期：2020年08月08日

| 购买方 | 名　称 | 潍坊嘉华电子有限责任公司 | 密码区 | -4+4/-78845//660*3>3/-8078-6/33+710+*/634+614>4-36*<->664/7-1*0101981/*8886+>0*711/+86-*3>01/7->4>76-*1+339< |||
|---|---|---|---|---|---|---|
| | 纳税人识别号 | 91370702M944328289 | | |||
| | 地址、电话 | 青年路787号 78830418 | | |||
| | 开户行及账号 | 中国银行潍坊市青年路支行9420964141366049011 | | |||

| 货物或应税劳务、服务名称 | 规格型号 | 单位 | 数量 | 单价 | 金额 | 税率 | 税额 |
|---|---|---|---|---|---|---|---|
| *电声器件*放大器 | AD822 | 只 | 20000 | 1.80 | 36000.00 | 13% | 4680.00 |
| 合　计 | | | | | ¥36000.00 | | ¥4680.00 |
| 价税合计（大写） | ⊗ 肆万零陆佰捌拾元整 | | | | （小写）¥40680.00 | | |

| 销售方 | 名　称 | 海星机电有限责任公司 | 备注 | |
|---|---|---|---|---|
| | 纳税人识别号 | 91370705M327926947 | | |
| | 地址、电话 | 潍坊奎文区成玛路270号 17191183 | | |
| | 开户行及账号 | 中国工商银行文化路支行4357031726593469635 | | |

收款人：　　　　复核：孙婉　　　　开票人：张俊威　　　　销售方：（章）

---

凭证 8-4-2

## 潍坊嘉华电子有限责任公司
## 材 料 入 库 单

发票号码：93609036　　　　　　　　　　　　　　　　　　　　　编　号：0801
供应单位：海星机电有限责任公司　　　2020年08月08日　　　　收料仓库：原材料库

| 序号 | 名称 | 规格型号 | 单位 | 数量 || 实际成本（元） ||||
|---|---|---|---|---|---|---|---|---|---|
| | | | | 应收 | 实收 | 买价 || 运杂费 | 合计 | 单位成本 |
| | | | | | | 单价 | 金额 | | | |
| 1 | 放大器 | AD822 | 只 | 20 000 | 20 000 | | | | | |
| | 合　计 | | | 20 000 | 20 000 | | | | | |

采购员：赵　红　　　记账：王　芸　　　检验员：温　暖　　　制单：孟红伟

凭证 8-5-1

山东增值税专用发票  No 82726224

3700201130
3700201130
82726224

开票日期：2020年08月11日

| 购买方 | 名　　称： | 潍坊嘉华电子有限责任公司 | | | 密码区 | 29-*4*/7>/9>->3>868733//2*1<br>8823<<<>/288371901/40+++494<br>48**/898*-7-6-84>62--8<7/9/<br>>3>60-*-91/2+98*105*035*871 | | |
| --- | --- | --- | --- | --- | --- | --- | --- | --- |
| | 纳税人识别号： | 91370702M944328289 | | | | | | |
| | 地址、电话： | 青年路787号 78830418 | | | | | | |
| | 开户行及账号： | 中国银行潍坊市青年路支行9420964141366049011 | | | | | | |
| 货物或应税劳务、服务名称 | | 规格型号 | 单位 | 数量 | 单价 | 金额 | 税率 | 税额 |
| *电声器件*线圈 | | SQ03 | 只 | 10000 | 0.40 | 4000.00 | 13% | 520.00 |
| 合　计 | | | | | | ￥4000.00 | | ￥520.00 |
| 价税合计（大写） | | ⊗ 肆仟伍佰贰拾元整 | | | | （小写）￥4520.00 | | |
| 销售方 | 名　　称： | 新海机电有限责任公司 | | | 备注 | | | |
| | 纳税人识别号： | 91370702M046016261 | | | | | | |
| | 地址、电话： | 潍坊潍城区宝旺路888号 88000216 | | | | | | |
| | 开户行及账号： | 中国银行潍坊市幸福街支行0447943969048068567 | | | | | | |

收款人：　　　　　复核：陈乙轩　　　　　开票人：何英　　　销售方：（章）

凭证 8-5-2

## 潍坊嘉华电子有限责任公司
## 材 料 入 库 单

发票号码：82726224　　　　　　　　　　　　　　　　　　　　　　　　编　号：0802
供应单位：新海机电有限责任公司　　　　2020年08月11日　　　　收料仓库：原材料库

| 序号 | 名　称 | 规格型号 | 单位 | 数量 | | 实际成本（元） | | | | |
| --- | --- | --- | --- | --- | --- | --- | --- | --- | --- | --- |
| | | | | | | 买价 | | 运杂费 | 合计 | 单位成本 |
| | | | | 应收 | 实收 | 单价 | 金额 | | | |
| 1 | 线圈 | SO203 | 只 | 10 000 | 10 000 | | | | | |
| | | 合　计 | | 10 000 | 10 000 | | | | | |

采购员：赵红　　　记账：王芸　　　检验员：温暖　　　制单：孟红伟

凭证 8-5-3

## 中国银行 商业承兑汇票（卡 片） 1

10403760
42325897

| 出票日期（大写） | 贰零贰零 年 零捌 月 壹拾壹 日 | | | | | | | | | | |
|---|---|---|---|---|---|---|---|---|---|---|---|
| 出票人 | 全 称 | 潍坊嘉华电子有限责任公司 | 收款人 | 全 称 | 新海机电有限责任公司 | | | | | | |
| | 账 号 | 9420964141366049011 | | 账 号 | 0447943969048068567 | | | | | | |
| | 开户银行 | 中国银行潍坊市青年路支行 | | 开户银行 | 中国银行潍坊市幸福街支行 | | | | | | |
| 出 票 金 额 | 人民币（大写） | 肆仟伍佰贰拾元整 | | | 千 | 百 | 十 万 | 千 | 百 | 十 元 | 角 分 |
| | | | | | | | ￥ 4 | 5 | 2 | 0 0 | 0 0 |
| 汇票到期日（大写） | 贰零贰零年壹拾贰月壹拾壹日 | | 付款人开户行 | 行号 | 339035330336 | | | | | | |
| 交易合同号码 | 10996616 | | | 地址 | 青年路787号 | | | | | | |

此联承兑人留存

（盖章：潍坊嘉华电子有限责任公司 财务专用章）
（印章：雷鸣）
出票人签章

---

凭证 8-6-1

## 开具红字增值税专用发票通知单

填开日期：2020年08月12日　　　　NO.27889328

| | 名 称 | 潍坊嘉华电子有限责任公司 | | 名 称 | 山东光明有限责任公司 |
|---|---|---|---|---|---|
| 销售方 | 税务登记代码 | 91370702M944328289 | 购买方 | 税务登记代码 | 91370305M086064075 |

| | 货物（劳务）名称 | 单价 | 数量 | 金额 | 税率 | 税额 |
|---|---|---|---|---|---|---|
| 开具红字发票内容 | 传感器 | 10.00 | 300 | 3 000.00 | 13% | 390.00 |
| | 合计 | | | ￥3 000.00 | | ￥390.00 |

| 说明 | 需要做进项税额转出　　√ |
|---|---|
| | 不需要做进项税额转出　　□ |
| | 纳税人识别号认证不符　　□ |
| | 专用发票代码、号码认证不符　　□ |
| | 对应蓝字专用发票密码区打印的代码： |
| | 号码： |
| | 开具红字专用发票理由： |

经办人：王芸　　　　负责人：刘岚　　　　主管税务机关名称（印章）：（潍坊市国家税务局潍城分局）

凭证8-6-2

山东增值税专用发票 No 69695016

3700201130
69695016

此联不做报销 扣税凭证使用

开票日期：2020年08月12日

| 购买方 | 名　　称： | 山东光明有限责任公司 |
| | 纳税人识别号： | 91370305M086064075 |
| | 地址、电话： | 淄博市临淄区联谊路938号83095097 |
| | 开户行及账号： | 中国工商银行临淄支行1847411001286795092 |

密码区: 28<-5+3>7+6-/95<9824<352-67
+1+-17-98<+819+206+4902*48
**100<+<3642-0/4805>//134/+
*2125399-9455-8+761>13-836+

| 货物或应税劳务、服务名称 | 规格型号 | 单位 | 数量 | 单价 | 金额 | 税率 | 税额 |
|---|---|---|---|---|---|---|---|
| *电声器件*传感器 | | 件 | -300 | 10.00 | -3000.00 | 13% | -390.00 |
| 合计 | | | | | ¥-3,000.00 | | ¥-390.00 |

价税合计（大写） ⊗（负数）叁仟叁佰玖拾元整　　（小写）¥-3,390.00

| 销售方 | 名　　称： | 潍坊嘉华电子有限责任公司 |
| | 纳税人识别号： | 91370702M944328289 |
| | 地址、电话： | 青年路787号78830418 |
| | 开户行及账号： | 中国银行潍坊市青年路支行9420964141366049011 |

备注：

收款人： 　　复核：王芸　　开票人：洪丽　　销售方：（章）

---

凭证8-6-3

## 潍坊嘉华电子有限责任公司
## 出　库　单

No.81117127

购货单位：山东光明有限责任公司　　2020年08月12日

| 编号 | 商品名称及规格 | 单位 | 数量 | 备注 |
|---|---|---|---|---|
| 1 | 传感器 | 件 | -300 | |
| | | | | |
| | | | | |
| | | | | |

保管员： 严谨　　记账：王芸　　制单：孟红伟

凭证8-6-4

## 中国银行 BANK OF CHINA    国内支付业务收款回单

客户号：66570889　　　　　　　　　　　　　　　　日期：2020年08月12日

| 收款人账号：9420964141366049011 | 付款人账号：1847411001286795092 |
|---|---|
| 收款人名称：潍坊嘉华电子有限责任公司 | 付款人名称：山东光明有限责任公司 |
| 收款人开户行：中国银行潍坊市青年路支行 | 付款人开户行：中国工商银行临淄支行 |

金额：CNY53,110.00

人民币伍万叁仟壹佰壹拾元整

| 报文种类：hvps.111.001.01-客户发起汇兑业务报文 | |
|---|---|
| 业务类型：A100-普通汇兑 | 收支申报号： |
| 业务标识号：2020081221026453 | 业务编号： |
| 发起行行号：104597362816 | 接收行行号：106362005126 |
| 发起行名称：中国工商银行临淄支行 | 接收行名称：中国银行潍坊市青年路支行 |
| 入账账号：9420964141366049011 | 入账户名：潍坊嘉华电子有限责任公司 |
| 用途：货款 | |
| 附言： | |

如您已通过银行网点取得相应纸质回单，请注意核对，勿重复记账！

| 交易机构：10630 | 交易渠道：网上银行 | 交易流水号：2147532551366789 | |
|---|---|---|---|
| 回单编号：2020081243360459 | 回单验证码：456C5HYTVKLD | 打印时间： | 打印次数：　次 |

（中国银行股份有限公司 潍坊市青年路支行 业务专用章 8DF6HC82）

---

凭证8-7-1

## 山东省增值税专用发票

No 69695017

3700201130　　　　　　　　　　　　　　　　　　　　3700201130
　　　　　　　此联不作报销 扣税凭证使用　　　　　　69695017

开票日期：2020年08月14日

| 购买方 | 名　称：春明机电有限公司 | 密码区 | <3/68>>/<2345*-47*6>1/0-40<<br>08</840344045/+8-086/+*2+03-2<br><-5283+785>9>0-*1/-45-7<63*<br>/50//97>610<>-6+/*89>381*>- |
|---|---|---|---|
| | 纳税人识别号：91370102M564571181 | | |
| | 地址、电话：济南历下区泰泽路879号87121863 | | |
| | 开户行及账号：华夏银行历下支行0350108657068355369 | | |

| 货物或应税劳务、服务名称 | 规格型号 | 单位 | 数量 | 单价 | 金额 | 税率 | 税额 |
|---|---|---|---|---|---|---|---|
| *电声器件*传感器 | | 件 | 2000 | 10.00 | 20000.00 | 13% | 2600.00 |
| *电声器件*传声器 | | 件 | 2000 | 6.00 | 12000.00 | 13% | 1560.00 |
| 合计 | | | | | ¥32000.00 | | ¥4160.00 |

价税合计（大写）　　⊗叁万陆仟壹佰陆拾元整　　　　（小写）¥36160.00

| 销售方 | 名　称：潍坊嘉华电子有限责任公司 | 备注 | |
|---|---|---|---|
| | 纳税人识别号：91370702M944328289 | | |
| | 地址、电话：青年路787号78830418 | | |
| | 开户行及账号：中国银行潍坊市青年路支行9420964141366049011 | | |

收款人：　　　　　复核：王芸　　　　　开票人：洪丽　　　　　销售方：（章）

凭证 8-7-2

## 中国银行 BANK OF CHINA
### 国内支付业务收款回单

| 客户号：66570889 | 日期：2020年08月14日 |
|---|---|
| 收款人账号：9420964141366049011 | 付款人账号：0350108657068355369 |
| 收款人名称：潍坊嘉华电子有限责任公司 | 付款人名称：春明机电有限公司 |
| 收款人开户行：中国银行潍坊市青年路支行 | 付款人开户行：华夏银行历下支行 |
| 金额：CNY36160.00 | |
| 人民币叁万陆仟壹佰陆拾元整 | |
| 报文种类：hvps.111.001.01-客户发起汇兑业务报文 | |
| 业务类型：A100-普通汇兑 | 收支申报号： |
| 业务标识号：2020081421026112 | 业务编号： |
| 发起行行号：101474867493 | 接收行行号：106362005126 |
| 发起行名称：华夏银行历下支行 | 接收行名称：中国银行潍坊市青年路支行 |
| 入账账号：9420964141366049011 | 入账户名：潍坊嘉华电子有限责任公司 |
| 用途：货款 | |
| 附言： | |
| 如您已通过银行网点取得相应纸质回单，请注意核对，勿重复记账！ | |
| 交易机构：10630 | 交易渠道：网上银行 | 交易流水号：2145513675326789 | 经办： |
| 回单编号：2020081443360759 | 回单验证码：657Q1JYFGDBK | 打印时间： | 打印次数：　次 |

（中国银行股份有限公司 潍坊市青年路支行 业务专用章 8DF6HC82）

凭证 8-7-3

## 潍坊嘉华电子有限责任公司
### 出 库 单
No.81117128

购货单位：春明机电有限公司　　　　2020年08月14日

| 编号 | 商品名称及规格 | 单位 | 数量 | 备注 |
|---|---|---|---|---|
| 1 | 传感器 | 件 | 2 000 | |
| 2 | 传声器 | 件 | 2 000 | |
| | | | | |
| | | | | |

第二联 记账联

保管员：严　谨　　　记账：王　芸　　　制单：孟红伟

凭证 8-8-1

凭证 8-8-2

## 潍坊嘉华电子有限责任公司
## 出 库 单

No.81117129

购货单位：山东向阳希望小学　　　2020年08月15日

| 编号 | 商品名称及规格 | 单位 | 数量 | 备注 |
|---|---|---|---|---|
| 1 | 智能音箱 | 台 | 10 | |
| | | | | |
| | | | | |

保管员：严 谨　　　记账：王 芸　　　制单：孟红伟

第二联　记账联

凭证 8-9-1

| | 山东增值税专用发票 | No 69695018 | |
|---|---|---|---|
| 3700201130 | 此联不做报销抵扣税凭证使用 | | 3700201130<br>69695018 |

开票日期：2020年08月25日

| 购买方 | 名　　　称： | 北辰机械厂 | | | | 密码区 | 954+1/0>777/3//5>2*8*3>1965<br>-<56051+>61<3-09/70+8*53309<br>07*>-57>*7-*-*26207>6*-7258<br>-576-2-/1+6**2945>-526/31+3 | |
| | 纳税人识别号： | 91370705M504483055 | | | | | |
| | 地址、电话： | 潍坊奎文区欣立路356号35847995 | | | | | |
| | 开户行及账号： | 中国工商银行东方路支行5122612800719709252 | | | | | |
| 货物或应税劳务、服务名称 | 规格型号 | 单位 | 数量 | 单价 | 金额 | 税率 | 税额 |
| *电声器件*放大器 | AD822 | 只 | 4000 | 2.00 | 8000.00 | 13% | 1040.00 |
| 合计 | | | | | ¥8000.00 | | ¥1040.00 |
| 价税合计（大写） | ⊗ 玖仟零肆拾元整 | | | | （小写）¥9040.00 | | |
| 销售方 | 名　　　称： | 潍坊嘉华电子有限责任公司 | | | | 备注 | |
| | 纳税人识别号： | 91370702M944328289 | | | | | |
| | 地址、电话： | 青年路787号78830418 | | | | | |
| | 开户行及账号： | 中国银行潍坊市青年路支行9420964141366049011 | | | | | |

收款人： 复核：王芸 开票人：洪丽 销售方：（章）

凭证 8-9-2

 中国银行 BANK OF CHINA

## 国内支付业务收款回单

| 客户号：66570889 | | 日期：2020年08月25日 | |
|---|---|---|---|
| 收款人账号： | 9420964141366049011 | 付款人账号： | 5122612800719709252 |
| 收款人名称： | 潍坊嘉华电子有限责任公司 | 付款人名称： | 北辰机械厂 |
| 收款人开户行： | 中国银行潍坊市青年路支行 | 付款人开户行： | 中国工商银行东方路支行 |
| 金额： | CNY9,040.00 | | |
| 人民币玖仟零肆拾元整 | | | |
| 报文种类： | hvps.111.001.01-客户发起汇兑业务报文 | | |
| 业务类型： | A100-普通汇兑 | 收支申报号： | |
| 业务标识号： | 2020082521026112 | 业务编号： | |
| 发起行行号： | 105938475847 | 接收行行号： | 106362005126 |
| 发起行名称： | 中国工商银行东方路支行 | 接收行名称： | 中国银行潍坊市青年路支行 |
| 入账账号： | 9420964141366049011 | 入账户名： | 潍坊嘉华电子有限责任公司 |
| 用途： | 货款 | | |
| 附言： | | | |

如您通过银行网点取得相应纸质回单，请注意核对，勿重复记账！

| 交易机构：10630 | 交易渠道：网上银行 | 交易流水号：1362145577853269 | 经办： |
|---|---|---|---|
| 回单编号：2020082543360950 | 回单验证码：958DABK3XJZK | 打印时间： | 打印次数：　次 |

凭证8-9-3

## 潍坊嘉华电子有限责任公司
### 出 库 单

No.81117130

购货单位：北辰机械厂　　　　　　　2020年08月25日

| 编号 | 商品名称及规格 | 单位 | 数量 | 备注 |
|---|---|---|---|---|
| 1 | 放大器 | 只 | 4 000 | |
| | | | | |
| | | | | |
| | | | | |

第二联 记账联

保管员：严　谨　　　　记账：王　芸　　　　制单：孟红伟

---

凭证8-10-1

## 潍坊嘉华电子有限责任公司
### 财产物资盘盈（盘亏）报告表

2020年08月28日

| 项目 | 单位 | 账面数 | 清点数 | 盘盈 | | 盘亏 | | 备注 |
|---|---|---|---|---|---|---|---|---|
| | | | | 数量 | 金额 | 数量 | 金额 | |
| 放大器 | 只 | 31 800 | 30 800 | | | 1 000 | 1 800 | 原抵扣进项税额234元 |
| | | | | | | | | |
| | | | | | | | | |

分析原因：管理不善导致被盗　　　　审批意见：计入管理费用

财务负责人：刘岚　　　　制表：温暖

凭证 8-11-1

# 潍坊嘉华电子有限责任公司
# 未交增值税结转表

年　月　日　　　　　　　　　　　　　　单位：元

| 项目 | 栏次 | 金额 |
|---|---|---|
| 本期销项税额 | 1 | |
| 本期进项税额 | 2 | |
| 本期进项税额转出 | 3 | |
| 本期抵扣税额 | 4=2-3 | |
| 本期应纳税额 | 5=1-4 | |
| 本期留抵税额 | 6 | |
| 转出未交增值税 | 7 | |

审核：　　　　　　　　　制单：

凭证 8-11-2

# 增值税纳税申报表（简表）
（适用于增值税一般纳税人）

税款所属时间：自　年　月　日至　年　月　日　　填表日期：　年　月　日　　　　金额单位：元至角分

纳税人识别号 □□□□□□□□□□□□□□□　单位名称（公章）：潍坊嘉华电子有限责任公司

| | 项目 | 栏次 | 一般货物及劳务和应税服务 本月数 |
|---|---|---|---|
| 销售额 | （一）按适用税率征税货物及劳务销售额 | 1 | |
| | 其中：应税货物销售额 | 2 | |
| | 　　　应税劳务销售额 | 3 | |
| | （二）按简易征收办法征税货物销售额 | 4 | |
| | （三）免、抵、退办法出口货物销售额 | 5 | |
| | （四）免税货物及劳务销售额 | 6 | |
| 税款计算 | 销项税额 | 7 | |
| | 进项税额 | 8 | |
| | 上期留抵税额 | 9 | |
| | 进项税额转出 | 10 | |
| | 应抵扣税额合计 | 11=8+9-10 | |
| | 实际抵扣税额 | 12（如11<7，则为11，否则为7） | |
| | 应纳税额 | 13=7-12 | |
| | 期末留抵税额 | 14=11-12 | |
| | 应纳税额合计 | 15 | |

以下由税务机关填写：

收到日期：　　　　　　接收人：　　　　　　主管税务机关盖章：

凭证 8-12-1

## 潍坊嘉华电子有限责任公司
## 税金及附加计算表

年　月　日　　　　　　　　　　　单位：元

| 税　种 | 计税依据 | | | 税率 | 应缴税额 |
|---|---|---|---|---|---|
| | 增值税 | 消费税 | 合计 | | |
| 城市维护建设税 | | | | 7% | |
| 教育费附加 | | | | 3% | |
| 合　计 | | | | | |

审核：　　　　　　　　　　　制单：

# 项目九　资金核算岗位会计实训

## 一、资金核算岗位职责

（1）拟定资金管理与核算办法。
（2）编制资金收支计划。
（3）负责资金的调度以及明细分类核算。

## 二、资金核算岗位素质要求

（1）熟悉本岗位的工作内容及流程，掌握有关财务会计法规与制度，并拟定企业资金管理与核算办法。并采取必要的措施，监控融资风险。
（2）能进行资金往来业务明细分类核算，掌握各类明细账的设置、登记、核对、报结等；
（3）能进行资金核算业务的各类会计凭证处理，掌握资金核算业务的会计处理方法。

【思政园地】资金核算岗位是企业资金的大管家，合理的资金规划关系到企业长远战略布局和未来的整体发展。资金计划相当于企业的血管，连通着全身，这就要求该岗位人员要有一定的战略高度和长远发展的眼光，切实抓好企业财务收支管理，有效地控制财务活动，良好的资金管理，能够节约企业资金，统筹财力，合理安排。同时还要求该岗位人员积极贯彻党的二十大提出的"社会主义核心价值观是凝聚人心、汇聚民力的强大力量"的理念，"广泛践行社会主义核心价值观"，有较强的责任心，诚实、公正、稳健，强化职业操守，能够缓解供求矛盾，敢于对不合理的资金使用说不，做到既平衡满足生产经营活动的资金需求，又能节约资金，更好地发挥资金效益。

## 三、资金核算岗位工作流程及实训要求

资金核算岗位的工作流程如图9-1所示。
资金核算岗位的实训要求如下：
（1）根据经济业务填写原始凭证并进行审核。
（2）根据审核后的原始凭证填制记账凭证。
（3）按投资人设置"实收资本"明细账，根据审核无误的记账凭证逐笔登记明细账。
（4）设置"实收资本"总账，根据记账凭证进行登记总账。

## 四、实训资料

潍坊嘉华电子有限责任公司2020年9月初资金核算有关账户余额如下：

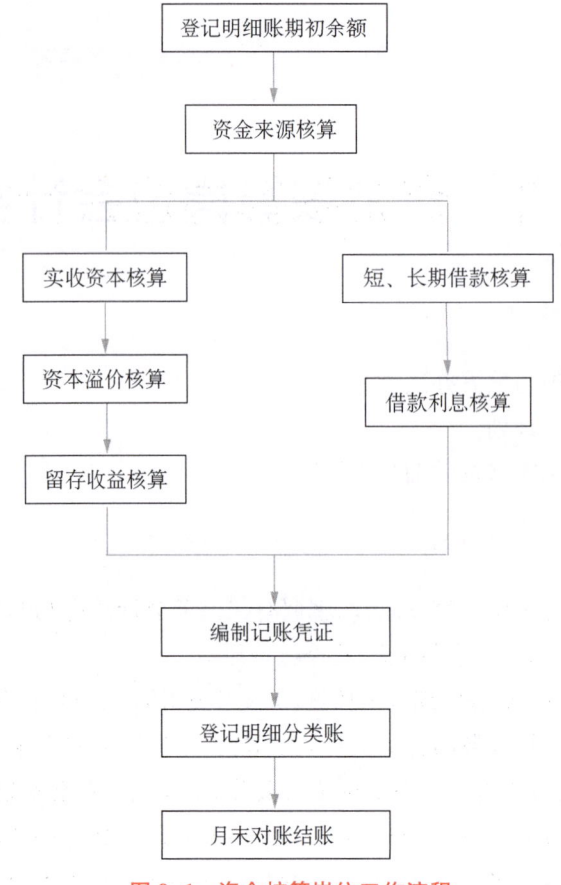

**图 9-1 资金核算岗位工作流程**

短期借款总账余额：0

实收资本总账余额：600万元，其中实收资本——尚林公司200万元，实收资本——新光公司400万元。

资本公积总账余额：0

2020年9月，潍坊嘉华电子有限责任公司发生的与资金核算相关的业务如下：

【1】1日，向中国银行借入8个月的生产经营用借款10万元，年利率为6%，到期一次还本付息，款项已收到并存入银行。

【2】15日，接受潍坊尚林投资有限公司货币资金投资款人民币230万元，其中200万元为新增注册资本，30万元计入资本公积。

【3】20日，接受山东新光设备有限公司投入设备一台，作价226万元，其中200万元为新增注册资本，26万元计入资本公积。

【4】30日，计提本月短期借款利息。

## 五、实训原始凭证

以下是本月资金核算岗位所涉及的原始凭证。

凭证 9-1-1

## 中国银行借款合同（流动资金贷款类）

借款单位：（简称甲方）　　潍坊嘉华电子有限责任公司

贷款银行：（简称乙方）　　中国银行潍坊市青年路支行

甲方为适应生产发展需要，特向乙方申请　　短期　　借款，经乙方审查同意发放。为明确双方责任，恪守信用，特签订本合同，共同遵守。

一、甲方向乙方借款人民币（大写）　壹拾　万元，规定用于　日常生产经营　。

二、借款期约定为　零　年　捌　个月，即从　2020　年　9　月　1　日至　2021　年　4　月　30　日。乙方保证按计划和下达的贷款指标额度供应资金，甲方保证按规定的用途用款。

三、贷款利息，自支用贷款之日起，以借款额按年息　6　%计算，按月结息。甲方不按期归还贷款，逾期部分加收利息　2　%；不按规定用途使用贷款，挪用部分罚收利息　1　%；超储、积压设备、材料占用的贷款，加收利息　1　%。

在本合同有效期内，如国家调整利率，从调整之日起，乙方即按调整后的贷款利率计（结）算贷款利息，同时书面通知甲方和担保单位。

四、甲方保证按还款计划归还贷款本金。

甲方保证按下述方式按时付息：　到期一次还本付息　。

甲方不能按时付息的，乙方有权从甲方账户中扣收或暂时停止支付贷款。

五、借款到期，甲方如不能按期偿还，由担保单位代为偿还。担保单位在收到乙方还款通知一个月后仍未归还，乙方有权从甲方（或担保方）的各项投资和存款户中扣收，或变卖甲方抵押的财产归还其借款。

六、乙方有权检查贷款使用情况，了解甲方的经营管理、计划执行、财务活动、物资库存等情况。甲方保证按季提供有关统计、会计、财务等方面的报表和资料。

七、在本合同有效期内，甲方因实行承包、租赁，兼并等而变更经营方式的，必须通知乙方参与清产核资和承包、租赁、兼并合同（协议）的研究、签订的全过程，并根据国家有关规定落实债务、债权关系。

八、需要变更合同条款的，经甲乙双方协商一致，应签订借款合同补充文本。

九、甲方向乙方填送借款申请书，并对偿还借款本息，以抵押或（和）第三方保证的方式提供担保，并签订抵押担保协议书。甲方填送的申请书和各方签订的协议书，均为本合同的组成部分。

十、　　　　　　　　　　　　　　　　　　　　　　（甲乙双方商定的其它条款）

十一、本合同自签发之日起生效，贷款本息全部偿清后失效。

十二、本合同正本三份，甲乙方、保证方各执一份，副本　6　份，送乙方财会部门及有关部门。

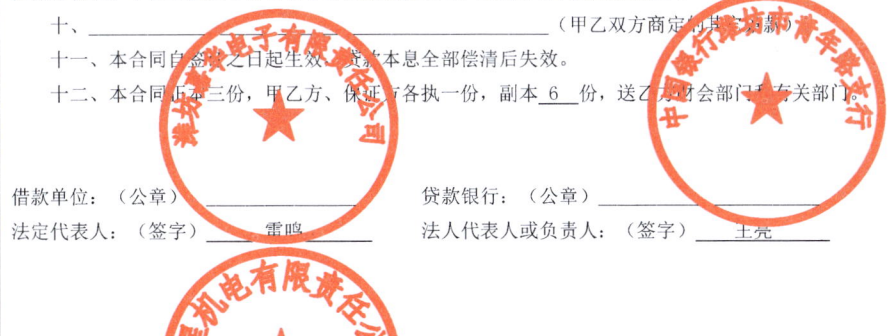

借款单位：（公章）　　　　　　　　　贷款银行：（公章）　　　　　　　

法定代表人：（签字）　　雷鸣　　　　法人代表人或负责人：（签字）　　王党　　

担保单位：（公章）　　　　　　　　　

法定代表人：（签字）　　刘明

凭证9-1-2

## 中国银行 公司贷款凭证

鲁中1009（四联）

借款日期：2020年09月01日　　No.0006686

| 借款人 | 潍坊嘉华电子有限责任公司 | 批文号 | 鲁中银【2020】009号 |
|---|---|---|---|
| 借款账号 | 2666963375264589 | 存款账号 | 9420964141366049011 |

| 金额货币大写 | 人民币壹拾万元整 | 千 | 百 | 十 | 万 | 千 | 百 | 十 | 元 | 角 | 分 |
|---|---|---|---|---|---|---|---|---|---|---|---|
| | ¥ | | | 1 | 0 | 0 | 0 | 0 | 0 | 0 | 0 |

| 借款日期 | 2020年09月01日 | 借款到期日 | 2021年04月30日 | 借款期限 | 8月 | 利率 | 6% |
|---|---|---|---|---|---|---|---|
| 借款用途 | 经营性借款 | | | | | | |

会计分录：
（借）
（贷）

复核：　　　记账：

银行转讫章

复核：　　　经办：

此联代放款通知和借款人收账通知

---

凭证9-2-1

# 潍坊嘉华电子有限责任公司
# 董事会决议

时间：2020年9月10日
地点：潍坊嘉华电子有限责任公司二楼会议室
主持人：董事长雷鸣
参加人员：董事会全体成员
议题：
1. 增加潍坊尚林投资有限公司为公司股东。
2. 公司注册资本增加200万元。
相关事宜经全体董事表决一致形成如下决议：

　1. 接受潍坊尚林投资有限公司对潍坊嘉华电子有限责任公司的投资人民币230万元。

　2. 此次增资额由潍坊尚林投资有限公司以人民币230万元出资。其中人民币200万元为新增注册资本，人民币30万元计入资本公积。

　3. 鉴于上述增资，同意相应修改公司章程，并通过修改后的公司章程。

附件：潍坊嘉华电子有限公司章程修正案（略）

全体董事签字：略

潍坊嘉华电子有限责任公司
2020年9月10日

凭证9-2-2

## 投资协议书

(2020) 第 2 号文

| 投资单位（甲方） | 潍坊尚林投资有限公司 | 受资单位（乙方） | 潍坊嘉华电子有限责任公司 |
|---|---|---|---|
| 地址 | 潍坊市赛维路121号 | 地址 | 青年路787号 |
| 账号 | 1703361069697367762 | 账号 | 9420964141366049011 |
| 开户银行 | 工行潍坊市乐诚路支行 | 开户银行 | 中国银行潍坊市青年路支行 |
| 投资金额 | 人民币（大写）贰佰叁拾万元整 | | |
| 协议条款 | 甲乙双方根据《中华人民共和国公司法》等法律法规，本着互利互惠、共同发展的原则，经充分协商，就乙方投资甲方事宜达成如下协议，供双方共同遵守。<br>第一，潍坊尚林投资有限公司向潍坊嘉华电子有限责任公司投资230万元，其中现金230万元。<br>第二，潍坊尚林投资有限公司投资后占潍坊嘉华电子有限公司新注册资本25%的份额，即享有注册资本200万元。<br>第三，潍坊尚林投资有限公司必须于2020年9月15日前向潍坊嘉华电子有限公司出资。<br>……<br>……<br><br>甲方签章：潍坊尚林投资有限公司　　乙方签章：潍坊嘉华电子有限责任公司<br><br>签订日期：2020年9月15日 | | |

凭证9-2-3

## 中国银行 进 账 单（收账通知）

2020 年 09 月 15 日　　　　　　　　　　　　　　　No 39824992

| 出票人 | 全称 | 潍坊尚林投资有限公司 | 收款人 | 全称 | 潍坊嘉华电子有限责任公司 | 此联是收款人开户银行给收款人的收账通知 |
|---|---|---|---|---|---|---|
| | 账号 | 1703361069697367762 | | 账号 | 9420964141366049011 | |
| | 开户银行 | 工行潍坊市乐诚路支行 | | 开户银行 | 中国银行潍坊市青年路支行 | |
| 金额 | 人民币（大写） | 贰佰叁拾万元整 | | | 千百十万千百十元角分<br>¥ 2 3 0 0 0 0 0 0 0 | |
| 票据种类 | 转账支票 | 票据张数 | 1 | | | |
| 票据号码 | 86083298 | | | | | |
| | 复核 | 记账 | | | 收款单位开户行盖章 | |

凭证9-3-1

# 潍坊嘉华电子有限责任公司
# 董事会决议

时间：2020年9月16日
地点：潍坊嘉华电子有限责任公司二楼会议室
主持人：董事长雷鸣
参加人员：董事会全体成员
议题：
1. 关于增加山东新光设备有限公司为公司股东。
2. 公司注册资本增加200万元。

相关事宜经全体董事表决一致形成如下决议：

1.接受山东新光设备有限公司对潍坊嘉华电子有限公司的投资人民币226万元。

2.此次增资额由山东新光设备有限公司以其拥有的生产设备作价226万元出资。其中人民币200万元为新增注册资本，人民币26万元计入资本公积。

3.鉴于上述增资，同意相应修改公司章程，并通过修改后的公司章程。

附件：潍坊嘉华电子有限公司章程修正案（略）

全体董事签字：略

潍坊嘉华电子有限责任公司
2020年9月16日

凭证9-3-2

# 投资协议书

(2020) 第 3 号文

| 投资单位（甲方） | 山东新光设备有限公司 | 受资单位（乙方） | 潍坊嘉华电子有限责任公司 |
|---|---|---|---|
| 地址 | 淄博市乐诚路346号 | 地址 | 青年路787号 |
| 账号 | 3955994418709336768 | 账号 | 9420964141366049011 |
| 开户银行 | 工行淄博市诗威路支行 | 开户银行 | 中国银行潍坊市青年路支行 |
| 投资金额 | 人民币（大写）贰佰贰拾陆万元整 | | |
| 协议条款 | 甲乙双方根据《中华人民共和国公司法》等法律法规，本着互利互惠、共同发展的原则，经充分协商，就乙方投资甲方事宜达成如下协议，供双方共同遵守。<br>第一，山东新光设备有限公司向潍坊嘉华电子有限公司投资226万元，其中固定资产226万元。<br>第二，山东新光设备有限公司投资后占潍坊嘉华电子有限公司新注册资本20%的份额，即享有注册资本200万元。<br>第三，山东新光设备有限公司必须于2020年9月20日前向潍坊嘉华电子有限公司出资。<br>……<br>……<br>甲方签章： 山东新光设备有限公司　乙方签章： 潍坊嘉华电子有限责任公司<br>签订日期：2020年9月18日 | | |

凭证9-3-3

山东增值税专用发票　No 73073227

此联不做报销抵扣凭证使用

3700201130　73073227

开票日期：2020年09月20日

| 购买方 | 名称：潍坊嘉华电子有限责任公司<br>纳税人识别号：91370702M944328289<br>地址、电话：青年路787号 78830418<br>开户行及账号：中国银行潍坊市青年路支行 9420964141366049011 | 密码区 | 9>*2-<0+00077-*940840<2/8*7<br>43<276*<-<5/4+331+4-/99**26<br>/3-763/7<-8<41*0>*-89594300<br>2*876+>9866909<690+247-43>/ |
|---|---|---|---|

| 货物或应税劳务、服务名称 | 规格型号 | 单位 | 数量 | 单价 | 金额 | 税率 | 税额 |
|---|---|---|---|---|---|---|---|
| *金属切削工具*切割机 | A-T | 台 | 1 | 2000000.00 | 2000000.00 | 13% | 260000.00 |
| 合计 | | | | | ¥2000000.00 | | ¥260000.00 |
| 价税合计（大写） | ⊗ 贰佰贰拾陆万元整 | | | | （小写）¥2260000.00 | | |

| 销售方 | 名称：山东新光设备有限公司<br>纳税人识别号：91370300M669141415<br>地址、电话：淄博市乐诚路346号 61072826<br>开户行及账号：工行淄博市诗威路支行 3955994418709336768 | 备注 | |
|---|---|---|---|

收款人：　　复核：罗石　　开票人：何华　　销售方：

凭证9-3-4

## 潍坊嘉华电子有限责任公司
## 固定资产验收单

2020 年 09 月 20 日

| 名称 | 规格型号 | 来源 | 数量 | 购（造）价 | 使用年限 | 预计残值 |
|---|---|---|---|---|---|---|
| 切割机 | A-T | 投资 | 1 | 2000000.00 | 10 | 20000.00 |
| 安装费 | 月折旧率 | 建造单位 | | 交工日期 | 附件 | |
| | | 山东新光设备有限公司 | | | | |
| 验收部门 | | 验收人员 | | 管理部门 | | |
| 备注 | | | | | | |

审核：刘岚　　　　　制单：王芸

---

凭证9-4-1

## 潍坊嘉华电子有限责任公司
## 本月应付利息计算表

日期　2020年09月30日

| 序号 | 起讫期 | 借款种类 | 计息基数 | 利率 | 应付利息（元） |
|---|---|---|---|---|---|
| 1 | 2020.09.01—2020.09.30 | 短期借款 | 100000.00 | 6% | 500.00 |
| | 合计 | | — | — | 500.00 |

审核：刘岚　　　　　制单：王芸

# 项目十 收入费用核算岗位会计实训

## 一、收入费用核算岗位职责

(1) 参与企业收入计划的制订,监督收入执行情况。
(2) 根据销货发票等有关凭证正确计量收入并及时进行核算。
(3) 取得或编制收入类相关会计凭证,负责收入及相关业务的明细核算。
(4) 参与企业费用计划和内部控制制度的制订并监督执行。
(5) 正确区分成本费用和期间费用,及时进行各项费用开支的核算。
(6) 设置收入、费用类账簿,负责账簿的登记工作。

## 二、收入费用核算岗位素质要求

(1) 了解收入、费用计划的编制情况,能审核此类计划的执行完成情况——工作离不开计划的要求。
(2) 掌握销货合同签订的程序和要求,能分析检查销售合同的执行情况——合同的签订和履行直接影响着收入的取得。
(3) 熟悉不同销售方式下销售收入的结算、确认与计量以及相关票据的填开与传递。
(4) 理解期间费用的支出标准和审核要求,能够按要求办理费用的支付结算和计提。

【思政园地】作为收入、费用核算岗位的财务人员,要恪守职责,以真实的经济交易事项为依据进行账务处理,对于收入的核算,不得虚构收入、提前确认收入、隐瞒关联收入等,对于费用的核算,必须严格遵守企业会计制度的规定,属于资本化的部分予以资本化,属于费用化的部分予以费用化,不得费用跨期入账、少计提资产减值准备、虚增费用等。

党的二十大报告中提出,要"深化标本兼治,推进反腐败国家立法,加强新时代廉洁文化建设,教育引导广大党员、干部增强不想腐的自觉,清清白白做人、干干净净做事,使严厉惩治、规范权力、教育引导紧密结合、协调联动,不断取得更多制度性成果和更大治理效能。"作为一名收入、费用核算岗位的财务人员,我们更要深刻领会党的二十大精神,在日常工作中做到客观公正、廉洁自律、诚实守信。

## 三、收入费用核算岗位工作流程及实训要求

收入费用核算岗位的工作流程如图10-1所示。

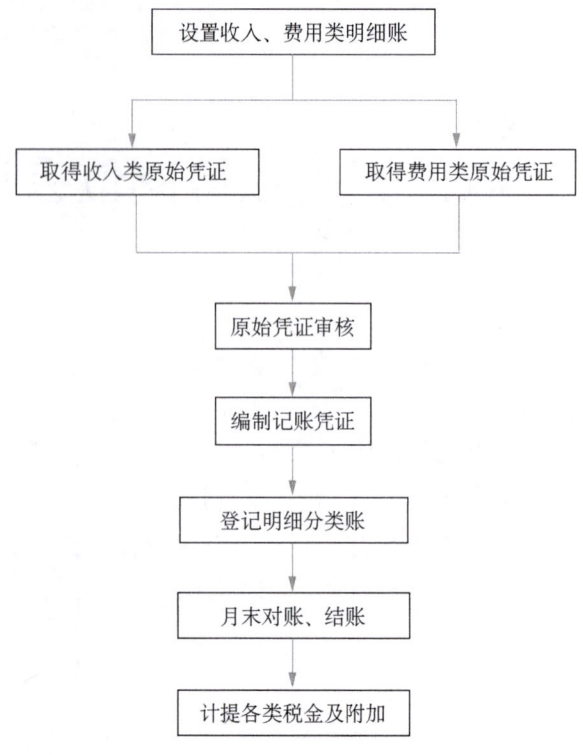

图10-1 收入费用核算岗位工作流程

收入费用核算岗位的实训要求如下：

(1) 根据经济业务，填制或取得原始凭证并进行审核。

(2) 根据审核无误的原始凭证，填制记账凭证。

(3) 设置"主营业务收入""主营业务成本""销售费用""管理费用""财务费用"等明细账，并根据审核无误的记账凭证逐笔登记明细账。

(4) 设置有关损益类账户的总账，并根据记账凭证进行登账。

## 四、实训资料

潍坊嘉华电子有限公司期末一次结转已销产品的生产成本，其他业务的成本随时结转，2020年10月初收入、费用各账户期初余额为0。

2020年10月，潍坊嘉华电子有限责任公司发生的与收入、费用相关的经济业务如下：

【1】1日，向长城机械有限公司销售传感器2 000只，单价为10元，收到转账支票，单位成本为6元。

【2】2日，向佳通机电有限公司销售传声器5 000件，单价为6元，当日产品发出，客户收到产品并验收入库。公司为了及早收回货款，在合同中规定现金折扣条件为"2/10，n/20"，计算现金折扣时考虑增值税，增值税税率为13%。传声器的单位成本为4元。嘉华公司基于对客户的了解，预计客户在10天内付款的概率为90%，10天后付款的概率

为10%。

【3】3日,银行转账支付潍坊德信律师事务所法律咨询费5 000元。

【4】5日,向北辰机械厂销售传感器2 000件,单价为10元,传声器1 000件,单价为6元,收到转账支票一张,向购货方开具了增值税专用发票。单位成本分别为6元、4元。

【5】8日,收到佳通机电有限公司购买传声器款项。

【6】10日,办公室购买办公用品,用现金支付300元。

【7】12日,向远大有限责任公司销售传感器4 000件,单价为10元,传感器单位成本6元,款项尚未收到。

【8】14日,将多余的放大器500只销售给顺达机电公司,单价为2元,款项已收到。放大器的成本为1.8元。

【9】16日,用银行存款支付潍坊日报社广告费2 000元。

【10】18日,王伟出差,预借差旅费3 000元。

【11】22日,王伟出差归来,报销差旅费2 800元,余款退回。

【12】25日,收到远大有限责任公司的销货款,存入银行。

【13】31日,接银行通知,支付本月短期借款利息3 000元。

【14】31日,结转已销产品的成本。

【15】31日,计算本月应交城市维护建设税和教育费附加。

## 五、实训原始凭证

以下是本月收入费用核算岗位所涉及的原始凭证。

凭证10-1-1

## 山东增值税专用发票 No 07993786

3700201130

3700201130
07993786

开票日期：2020年10月01日

| 购买方 | 名　称： | 长城机械有限责任公司 | | | | | 密码区 | *6+++9<+1/-+23-10>8<<><<38</5/12++>266978584*+7<<67+5/6<5725<0<1*<2<089>1947*>71994<-4/4*2184*-3-69233*/-76 | | |
|---|---|---|---|---|---|---|---|---|---|---|
| | 纳税人识别号： | 91410701M090256474 | | | | | | | | |
| | 地址、电话： | 新乡市格文路315号 21709392 | | | | | | | | |
| | 开户行及账号： | 中国银行新乡分行5618951688066391453 | | | | | | | | |
| 货物或应税劳务、服务名称 | | 规格型号 | 单位 | 数量 | 单价 | | 金额 | | 税率 | 税额 |
| *电声器件*传感器 | | | 件 | 2000 | 10.00 | | 20000.00 | | 13% | 2600.00 |
| 合计 | | | | | | | ¥20000.00 | | | ¥2600.00 |
| 价税合计（大写） | | ⊗ 贰万贰仟陆佰元整 | | | | | | （小写）¥22600.00 | | |
| 销售方 | 名　称： | 潍坊嘉华电子有限责任公司 | | | | | 备注 | | | |
| | 纳税人识别号： | 91370702M944328289 | | | | | | | | |
| | 地址、电话： | 青年路787号 78830418 | | | | | | | | |
| | 开户行及账号： | 中国银行潍坊市青年路支行9420964141366049011 | | | | | | | | |

收款人： 复核：王芸 开票人：洪丽 销售方：（章）

凭证10-1-2

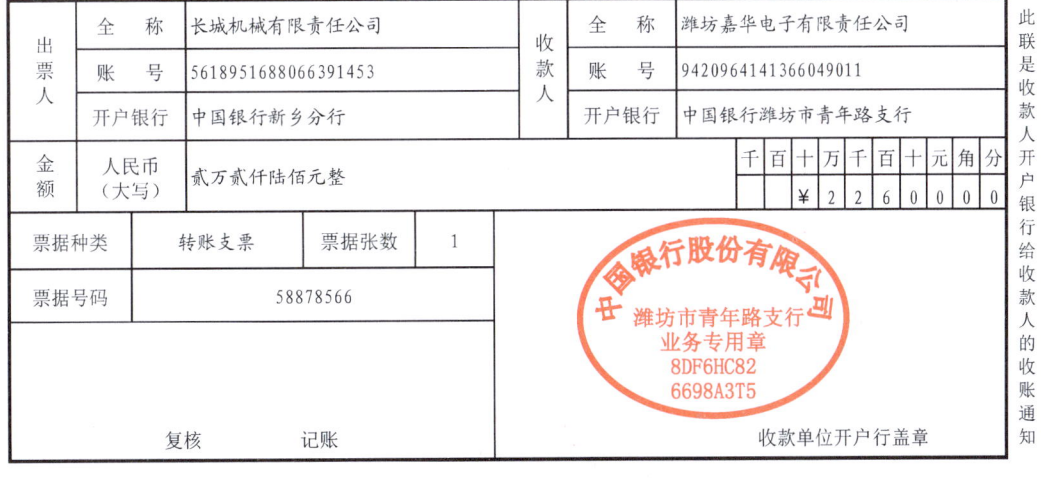

凭证 10-1-3

## 潍坊嘉华电子有限责任公司
### 出库单

No. 70240515

购货单位：长城机械有限责任公司　　2020年10月01日

| 编号 | 商品名称及规格 | 单位 | 数量 | 备注 |
|---|---|---|---|---|
| 1 | 传感器 | 件 | 2 000 | |
| | | | | |
| | | | | |
| | | | | |

保管员：严 谨　　记账：王 芸　　制单：孟红伟

第二联 记账联

---

凭证 10-2-1

**山东增值税专用发票**　No 07993787

3700201130

此联不做报销、抵扣税凭证使用

3700201130
07993787

开票日期：2020年10月02日

| 购买方 | 名　称： | 佳通机电有限责任公司 | 密码区 | /151*/957-329+8*0*3616><230<br>4247>5-*8>10-50<-3<2+61-905<br>019817<0229<*0+9/2<*++859/9<br>/6+->7088-58-<6769238>9>333 |
|---|---|---|---|---|
| | 纳税人识别号： | 91370303M576712152 | | |
| | 地址、电话： | 淄博张店区佳志路428号32060805 | | |
| | 开户行及账号： | 中国农业银行张店区支行6744993874992191507 | | |

| 货物或应税劳务、服务名称 | 规格型号 | 单位 | 数量 | 单价 | 金额 | 税率 | 税额 |
|---|---|---|---|---|---|---|---|
| *电声器件*传声器 | | 件 | 5000 | 6.00 | 30000.00 | 13% | 3900.00 |
| 合计 | | | | | ￥30000.00 | | ￥3900.00 |
| 价税合计（大写） | ⊗ 叁万叁仟玖佰元整 | | | | （小写）￥33900.00 | | |

| 销售方 | 名　称： | 潍坊嘉华电子有限责任公司 | 备注 | |
|---|---|---|---|---|
| | 纳税人识别号： | 91370702M944328289 | | |
| | 地址、电话： | 青年路787号78830418 | | |
| | 开户行及账号： | 中国银行潍坊市青年路支行9420964141366049011 | | |

收款人：　　复核：王 芸　　开票人：洪丽　　销售方：（章）

第一联：记账联 销售方记账凭证

凭证10-2-2

## 潍坊嘉华电子有限责任公司
### 出　库　单

No. 70240516

购货单位：佳通机电有限责任公司　　　2020年10月02日

| 编号 | 商品名称及规格 | 单位 | 数量 | 备注 |
|---|---|---|---|---|
| 1 | 传声器 | 件 | 5 000 | |
| | | | | |
| | | | | |
| | | | | |

保管员：严　谨　　　记账：王　芸　　　制单：孟红伟

第二联　记账联

---

凭证10-3-1

### 山东增值税普通发票

037002000104　　　No 16527826

037002000104
16527826

开票日期：2020年10月03日

| 购买方 | 名　称：潍坊嘉华电子有限责任公司<br>纳税人识别号：91370702M944328289<br>地址、电话：青年路787号78830418<br>开户行及账号：中国银行潍坊市青年路支行9420964141366049011 | 密码区 | 61/2>197*4>006+>8670164<+>1<br>4095-7/<0893<266876-400+*6><br>4+*+371*04+3>6>2+7*/60*0>2/<br>6+68+7*/35/5/-0899*/9/03927 |
|---|---|---|---|

| 货物或应税劳务、服务名称 | 规格型号 | 单位 | 数量 | 单价 | 金额 | 税率 | 税额 |
|---|---|---|---|---|---|---|---|
| *鉴证咨询服务*律师费 | | 宗 | 1 | 4716.98 | 4716.98 | 6% | 283.02 |

合　计　　　　　　　　　　　　　　　　　　　　　　　¥4716.98　　　¥283.02

价税合计（大写）　⊗伍仟元整　　　　　　　　　　（小写）¥5000.00

| 销售方 | 名　称：潍坊德信律师事务所<br>纳税人识别号：91370705M833567213<br>地址、电话：潍坊市文化路256号 7884289<br>开户行及账号：潍坊银行文化路支行 6223910724569872 | 备注 | |
|---|---|---|---|

收款人：王明　　　复核：宋丽　　　开票人：刘婷　　　销售方（章）

第二联：发票联　购买方记账凭证

凭证10-3-2

## 中国银行 BANK OF CHINA  国内支付业务付款回单

| 客户号：66570889 | 日期：2020年10月03日 |
|---|---|
| 付款人账号：9420964141366049011 | 收款人账号：6223910724569872 |
| 付款人名称：潍坊嘉华电子有限责任公司 | 收款人名称：潍坊德信律师事务所 |
| 付款人开户行：中国银行潍坊市青年路支行 | 收款人开户行：潍坊银行文化路支行 |
| 金额：CNY5,000.00 | |
| 人民币伍仟元整 | |

| 报文种类：beps.121.001.01-客户发起普通贷记业务报文 | |
|---|---|
| 业务类型：A100-普通汇兑 | 收支申报号： |
| 业务标识号：2020100321026123 | 业务编号：BNET 5600024770602016/000000000000 |
| 发起行行号：106362005126 | 接收行行号：103615673298 |
| 发起行名称：中国银行潍坊市青年路支行 | 接收行名称：潍坊银行文化路支行 |
| 扣账账号：9420964141366049011 | 扣账户名：潍坊嘉华电子有限责任公司 |
| 用途：支付律师费 | |
| 附言： | |

普通汇款业务不保证实时到账。该回单只能作为汇出银行受理汇款的依据，不能作为该笔汇款已入收款人账号的证明。

| 交易机构：10630 | 交易渠道：网上银行 | 交易流水号：6712513675326789 | 经办： |
|---|---|---|---|
| 回单编号：2020100343360421 | 回单验证码：342K3XJZDFBK | 打印时间： | 打印次数：  次 |

---

凭证10-4-1

3700201130

## 山东增值税专用发票  No 07993788

此联不做报销、扣税凭证使用

3700201130
07993788

开票日期：2020年10月05日

| 购买方 | 名　　称：北辰机械厂 | 密码区 | 15<1>8/840+14<48864--311227 |
|---|---|---|---|
| | 纳税人识别号：91370705M504483055 | | 23/+7-335660<+708><5>074>83 |
| | 地址、电话：潍坊奎文区欣立路356号35847995 | | >>5+2608437/+4++//5<+9-69 |
| | 开户行及账号：中国工商银行东方路支行5122612800719709252 | | 631-66+->+9>8+-+700++4343+/ |

| 货物或应税劳务、服务名称 | 规格型号 | 单位 | 数量 | 单价 | 金额 | 税率 | 税额 |
|---|---|---|---|---|---|---|---|
| *电声器件*传感器 | | 件 | 2000 | 10.00 | 20000.00 | 13% | 2600.00 |
| *电声器件*传声器 | | 件 | 1000 | 6.00 | 6000.00 | 13% | 780.00 |
| 合计 | | | | | ¥26000.00 | | ¥3380.00 |

价税合计（大写）  ⊗ 贰万玖仟叁佰捌拾元整  （小写）¥29380.00

| 销售方 | 名　　称：潍坊嘉华电子有限责任公司 | 备注 | |
|---|---|---|---|
| | 纳税人识别号：91370702M944328289 | | |
| | 地址、电话：青年路787号78830418 | | |
| | 开户行及账号：中国银行潍坊市青年路支行9420964141366049011 | | |

收款人：　　　　　复核：王芸　　　　开票人：洪丽　　　　销售方：（章）

凭证 10-4-2

## 中国银行 进 账 单（收账通知）

2020年10月05日　　　　　　　　　　　　　　　　No.09328056

| 出票人 | 全称 | 北辰机械厂 | 收款人 | 全称 | 潍坊嘉华电子有限责任公司 |
|---|---|---|---|---|---|
| | 账号 | 5122612800719709252 | | 账号 | 9420964141366049011 |
| | 开户银行 | 中国工商银行东方路支行 | | 开户银行 | 中国银行潍坊市青年路支行 |

| 金额 | 人民币（大写） | 贰万玖仟叁佰捌拾元整 | 千 | 百 | 十 | 万 | 千 | 百 | 十 | 元 | 角 | 分 |
|---|---|---|---|---|---|---|---|---|---|---|---|---|
| | | | | | ¥ | 2 | 9 | 3 | 8 | 0 | 0 | 0 |

| 票据种类 | 转账支票 | 票据张数 | 1 |
|---|---|---|---|
| 票据号码 | 56478523 | | |

复核　　记账　　　　　　　　收款单位开户行盖章

（中国银行股份有限公司 潍坊市青年路支行 业务专用章 8DF6HC82 6698A3T5）

此联是收款人开户银行给收款人的收账通知

---

凭证 10-4-3

## 潍坊嘉华电子有限责任公司
### 出 库 单

No.70240517

购货单位：北辰机械厂　　　2020年10月05日

| 编号 | 商品名称及规格 | 单位 | 数量 | 备注 |
|---|---|---|---|---|
| 1 | 传感器 | 件 | 2 000 | |
| 2 | 传声器 | 件 | 1 000 | |
| | | | | |
| | | | | |

保管员：严谨　　记账：王芸　　制单：孟红伟

第二联 记账联

凭证 10-5-1

## 中国银行 BANK OF CHINA  国内支付业务收款回单

| 客户号：66570889 | 日期：2020年10月08日 |
|---|---|
| 收款人账号：9420964141366049011 | 付款人账号：6744993874992191507 |
| 收款人名称：潍坊嘉华电子有限责任公司 | 付款人名称：佳通机电有限责任公司 |
| 收款人开户行：中国银行潍坊市青年路支行 | 付款人开户行：中国农业银行张店区支行 |
| 金额：CNY33,222.00 | |
| 人民币叁万叁仟贰佰贰拾贰元整 | |
| 报文种类：hvps.111.001.01-客户发起汇兑业务报文 | |
| 业务类型：A100-普通汇兑 | 收支申报号： |
| 业务标识号：2020100821054612 | 业务编号： |
| 发起行行号：105321768520 | 接收行行号：106362005126 |
| 发起行名称：中国农业银行张店区支行 | 接收行名称：中国银行潍坊市青年路支行 |
| 入账账号：9420964141366049011 | 入账户名：潍坊嘉华电子有限责任公司 |
| 用途：货款 | |
| 附言： | |
| 如您已通过银行网点取得相应纸质回单，请注意核对，勿重复记账！ | |
| 交易机构：10630 | 交易渠道：网上银行 | 交易流水号：3465513675326789 | 经办： |
| 回单编号：2020100843360321 | 回单验证码：342K3XJZDART | 打印时间： | 打印次数：次 |

（中国银行股份有限公司 潍坊市青年路支行 业务专用章 8DF6HC82 6698A3T5）

---

凭证 10-6-1

山东增值税普通发票  No 86711990

037002000104
037002000104
86711990

开票日期：2020年10月10日

| 购买方 | 名 称：潍坊嘉华电子有限责任公司 | 密码区 | 417431>0*5<049398<6667+52-7 0-9701029</86>2564/**161+<0 5/82>044<<*93068073*+74278+ 832->69/2>--38>+61/+6/62>*4 |
|---|---|---|---|
| | 纳税人识别号：91370702M944328289 | | |
| | 地址、电话：青年路787号 78830418 | | |
| | 开户行及账号：中国银行潍坊市青年路支行 9420964141366049011 | | |

| 货物或应税劳务、服务名称 | 规格型号 | 单位 | 数量 | 单价 | 金额 | 税率 | 税额 |
|---|---|---|---|---|---|---|---|
| *纸及纸制品*A4复印纸 | | 只 | 20 | 14.56 | 291.26 | 3% | 8.74 |
| | | | | | 现金付讫 | | |
| 合计 | | | | | ¥291.26 | | ¥8.74 |
| 价税合计（大写） | ⊗叁佰元整 | | | | （小写）¥300.00 | | |

| 销售方 | 名 称：潍坊潍城区康盛商行 | 备注 | |
|---|---|---|---|
| | 纳税人识别号：92370700MA5D5T2E6D | | |
| | 地址、电话：潍坊市人民路256号 78832676 | | |
| | 开户行及账号：交通银行和平支行 6222601060012671978 | | |

收款人：陈明  复核：王赛  开票人：刘兴  销售方（章）

（潍坊潍城区康盛商行 92370700MA5D5T2E6D 发票销售方）

凭证10-7-1

| | | 山东增值税专用发票 | No 07993789 | | |
|---|---|---|---|---|---|
|  | 3700201130 | 此联不作报销 抵扣凭证使用 | | 3700201130 07993789 | |

开票日期：2020年10月12日

| 购买方 | 名　　　称： | 远大有限责任公司 | 密码区 | <818770</<>4*55347+74282*9/<br>1079<53>1036*+<5-*24>0230*<br>7>+511//4+975>1**9-92188->8<br>1038-+-8677/161065>0<5959/6 |
|---|---|---|---|---|
| | 纳税人识别号： | 91370702M000320433 | | |
| | 地址、 电话： | 潍坊潍城区亿融路315号84431633 | | |
| | 开户行及账号： | 中国农业银行仓南路支行1080076683064782464 | | |

| 货物或应税劳务、服务名称 | 规格型号 | 单位 | 数量 | 单价 | 金额 | 税率 | 税额 |
|---|---|---|---|---|---|---|---|
| *电声器件*传感器 | | 件 | 4000 | 10.00 | 40000.00 | 13% | 5200.00 |
| 合计 | | | | | ¥40000.00 | | ¥5200.00 |

| 价税合计（大写） | 肆万伍仟贰佰元整 | （小写）¥45200.00 |
|---|---|---|

| 销售方 | 名　　　称： | 潍坊嘉华电子有限责任公司 | 备注 | |
|---|---|---|---|---|
| | 纳税人识别号： | 91370702M944328289 | | |
| | 地址、 电话： | 青年路787号78830418 | | |
| | 开户行及账号： | 中国银行潍坊市青年路支行9420964141366049011 | | |

收款人： 　　　　　复核：王芸　　　　　开票人：洪丽　　　　　销售方：（章）

凭证10-7-2

# 潍坊嘉华电子有限责任公司
## 出　库　单

No.70240518

购货单位：远大有限责任公司　　　　2020年10月12日

| 编号 | 商品名称及规格 | 单位 | 数量 | 备注 |
|---|---|---|---|---|
| 1 | 传感器 | 件 | 4 000 | |
| | | | | |
| | | | | |
| | | | | |

保管员：严谨　　　　记账：王芸　　　　制单：孟红伟

凭证10-8-1

## 山东增值税专用发票

No 07993790

3700201130

开票日期：2020年10月14日

| 购买方 | 名　　称： | 顺达机电公司 | | | | 密码区 | 5/9+62--04480*85744**3685<4<br>7+8+508/837>66>+-<<-8346+17<br>3/>8>/2<64>726/*23-7820+/>6<br>196/7>+-7-0+*64<07>47>+780+ | | |
|---|---|---|---|---|---|---|---|---|---|
| | 纳税人识别号： | 91370702M303069574 | | | | | | | |
| | 地址、电话： | 潍坊潍城区诺阳路628号61081692 | | | | | | | |
| | 开户行及账号： | 中国银行潍坊市青年路支行8745082583173947553 | | | | | | | |
| 货物或应税劳务、服务名称 | 规格型号 | | 单位 | 数量 | 单价 | 金额 | | 税率 | 税额 |
| *电声器件*放大器 | | | 只 | 500 | 2.00 | 1000.00 | | 13% | 130.00 |
| 合计 | | | | | | ¥1000.00 | | | ¥130.00 |
| 价税合计（大写） | | ⊗ 壹仟壹佰叁拾元整 | | | | （小写）¥1130.00 | | | |
| 销售方 | 名　　称： | 潍坊嘉华电子有限责任公司 | | | | 备注 | | | |
| | 纳税人识别号： | 91370702M944328289 | | | | | | | |
| | 地址、电话： | 青年路787号78830418 | | | | | | | |
| | 开户行及账号： | 中国银行潍坊市青年路支行9420964141366049011 | | | | | | | |

收款人：　　　　复核：王芸　　　　开票人：洪丽　　　　销售方：（章）

---

凭证10-8-2

## 潍坊嘉华电子有限责任公司
## 出　库　单

No.70240519

购货单位：顺达机电公司　　　　2020年10月14日

| 编号 | 商品名称及规格 | 单位 | 数量 | 备注 |
|---|---|---|---|---|
| 1 | 放大器 | 只 | 500 | |
| | | | | |
| | | | | |
| | | | | |

保管员：严谨　　　记账：王芸　　　制单：孟红伟

凭证10-8-3

## 中国银行 BANK OF CHINA
### 国内支付业务收款回单

| | | |
|---|---|---|
| 客户号：66570889 | | 日期：2020年10月14日 |
| 收款人账号：9420964141366049011 | 付款人账号：8745082583173947553 | |
| 收款人名称：潍坊嘉华电子有限责任公司 | 付款人名称：顺达机电公司 | |
| 收款人开户行：中国银行潍坊市青年路支行 | 付款人开户行：中国银行潍坊市青年路支行 | |
| 金额：CNY1,130.00 | | |
| 人民币壹仟壹佰叁拾元整 | | |
| 报文种类：hvps.111.001.01-客户发起汇兑业务报文 | | |
| 业务类型：A100-普通汇兑 | 收支申报号： | |
| 业务标识号：2020101421027223 | 业务编号： | |
| 发起行行号：106362005126 | 接收行行号：106362005126 | |
| 发起行名称：中国银行潍坊市青年路支行 | 接收行名称：中国银行潍坊市青年路支行 | |
| 入账号码：9420964141366049011 | 入账户名：潍坊嘉华电子有限责任公司 | |
| 用途：货款 | | |
| 附言： | | |
| 如您已通过银行网点取得相应纸质回单，请注意核对，勿重复记账！ | | |
| 交易机构：10630 | 交易渠道：网上银行 | 交易流水号：4326613675324326 经办：8DF6HC82 6698A3T5 |
| 回单编号：2020101443365321 | 回单验证码：642K3XJZDAED | 打印时间： 打印次数： 次 |

（中国银行股份有限公司 潍坊市青年路支行 业务专用章）

---

凭证10-9-1

山东增值税普通发票   No 85032957

037002000104

037002000104
85032957

开票日期：2020年10月16日

| 购买方 | 名　称：潍坊嘉华电子有限责任公司 | 密码区 | >-3*-*35*+28<649+<2321/2-*<br><5424<617823488<*69<10+2+7-<br>7*20<00*5><>3<*91*3*0-7*0+5<br>6/-0>522-/429952*7987-9<921 |
|---|---|---|---|
| | 纳税人识别号：91370702M944328289 | | |
| | 地址、电话：青年路787号78830418 | | |
| | 开户行及账号：中国银行潍坊市青年路支行9420964141366049011 | | |

| 货物或应税劳务、服务名称 | 规格型号 | 单位 | 数量 | 单价 | 金额 | 税率 | 税额 |
|---|---|---|---|---|---|---|---|
| *文化创意服务*广告费 | | | 1 | 1886.79 | 1886.79 | 6% | 113.21 |
| | | | | | | | |
| 合计 | | | | | ￥1886.79 | | ￥113.21 |
| 价税合计（大写） | ⊗ 贰仟元整 | | | | （小写）￥2000.00 | | |

| 销售方 | 名　称：潍坊艾一广告有限公司 | 备注 | |
|---|---|---|---|
| | 纳税人识别号：91370702M764225075 | | |
| | 地址、电话：潍坊潍城区圣彩路978号24216028 | | |
| | 开户行及账号：工行潍坊潍城区金发路支行4906830000962045723 | | |

收款人：张强　　复核：王芳　　开票人：刘亮　　销售方：（章）

（潍坊艾一广告有限公司 91370702M764225075 发票专用章）

凭证10-9-2

## 中国银行 BANK OF CHINA　　国内支付业务付款回单

| | | | |
|---|---|---|---|
| 客户号：66570889 | | 日期：2020年10月16日 | |
| 付款人账号：9420964141366049011 | | 收款人账号：4906830000962045723 | |
| 付款人名称：潍坊嘉华电子有限责任公司 | | 收款人名称：潍坊艾一广告有限公司 | |
| 付款人开户行：中国银行潍坊市青年路支行 | | 收款人开户行：工行潍坊潍城区金发路支行 | |
| 金额：CNY2,000.00 | | | |
| 人民币贰仟元整 | | | |
| 报文种类：beps.121.001.01-客户发起普通贷记业务报文 | | | |
| 业务类型：A100-普通汇兑 | | 收支申报号： | |
| 业务标识号：2020101621026356 | | 业务编号：BNET 5600024770602987/000000000000 | |
| 发起行号：106362005126 | | 接收行号：102348900476 | |
| 发起行名称：中国银行潍坊市青年路支行 | | 接收行名称：工行潍坊潍城区金发路支行 | |
| 扣账账号：9420964141366049011 | | 扣账户名：潍坊嘉华电子有限责任公司 | |
| 用途：支付广告费 | | | |
| 附言： | | | |
| 普通汇款业务不保证实时到账。该回单只能作为汇出银行受理汇款的依据，不能作为该笔汇款已入收款人账号的证明。 | | | |
| 交易机构：10630 | 交易渠道：网上银行 | 交易流水号：4112513675326743 | 经办： |
| 回单编号：2020101643360325 | 回单验证码：542K3XJZDADQ | 打印时间： | 打印次数：　次 |

（中国银行股份有限公司 潍坊市青年路支行 业务专用章 8DF6HC82 6698A3T5）

---

凭证10-10-1

# 潍坊嘉华电子有限责任公司
# 借　款　单

2020年10月18日

| 借款人 | 销售机构　王伟 | | | | |
|---|---|---|---|---|---|
| 借款事由 | 出差借款 | | | | |
| 借款数额 | ¥3 000.00 | 人民币（大写） | 叁仟元整 | | |
| 借款时间 | 2020年10月18日 | 还款时间 | | | |
| 还款方式 | 差旅报销凭证 | | | | |
| 领导核批 | 会计主管人员核批 | 付款记录 | | 借款人 | 王伟 |
| 雷鸣 | 刘岚 | 现金付讫 | | | |

凭证 10-11-1

011002000104　　北京增值税普通发票　　No 22770974

011002000104
22770974

开票日期：2020年10月21日

| 购买方 | 名称： | 潍坊嘉华电子有限责任公司 | | | | 密码区 | 7929475>-8031+395/671718>34 */755<>*+/262<*<997>*397449 <489-<*319-9/-/594946>28*12 <2199*0>*91886488>*7*7+1>45 | | |
|---|---|---|---|---|---|---|---|---|---|
| | 纳税人识别号： | 91370702M944328289 | | | | | | | |
| | 地址、电话： | 青年路787号 78830418 | | | | | | | |
| | 开户行及账号： | 中国银行潍坊市青年路支行9420964141366049011 | | | | | | | |
| 货物或应税劳务、服务名称 | 规格型号 | | 单位 | 数量 | 单价 | | 金额 | 税率 | 税额 |
| *住宿服务*住宿费 | | | 间 | 4 | 283.02 | | 1132.08 | 6% | 67.92 |
| | | | | | | | 现金收讫 | | |
| 合计 | | | | | | | ¥1132.08 | | ¥67.92 |
| 价税合计（大写） | | 壹仟贰佰元整 | | | | | （小写）¥1200.00 | | |
| 销售方 | 名称： | 北京丰湖酒店 | | | | 备注 | 北京丰湖酒店 91110101M130705315 发票专用章 | | |
| | 纳税人识别号： | 91110101M130705315 | | | | | | | |
| | 地址、电话： | 北京市嘉虹路082号 98468121 | | | | | | | |
| | 开户行及账号： | 工行北京市赛唯路支行2484734404951777366 | | | | | | | |
| 收款人：王丽 | | 复核：林山 | | | 开票人：杨武 | | 销售方：（章） | | |

凭证 10-11-2　　　　　　　　　　凭证 10-11-3

| X689762 | 潍坊 售 |
|---|---|
| 2020年10月18日08:23开 | 12车22C号 |
| 潍坊 Weifang → G178次 | 北京南 BeijingSouth |
| ￥259.0元 | 网 |
| 限乘当日当次车 | |
| 王伟 | |
| 3070211984****0017 | |
| 4657 3318 0585 0725 3641-2 | 和谐号 |

| X578995 | 北京南 售 |
|---|---|
| 2020年10月22日09:35开 | 02车07号 |
| 北京南 BeijingSouth → G179次 | 潍坊 Weifang |
| ￥259.0元 | 网 |
| 限乘当日当次车 | |
| 王伟 | |
| 3070211984****0017 | |
| 4657 3318 0585 0725 3641-2 | 和谐号 |

凭证10-11-4

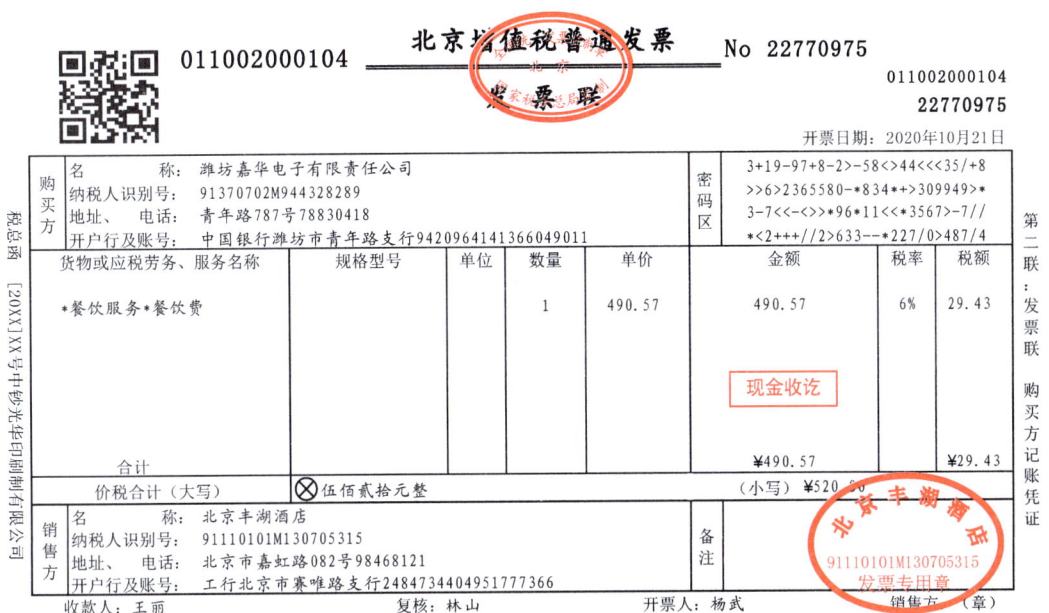

凭证10-11-5

凭证 10-11-6

凭证 10-11-7

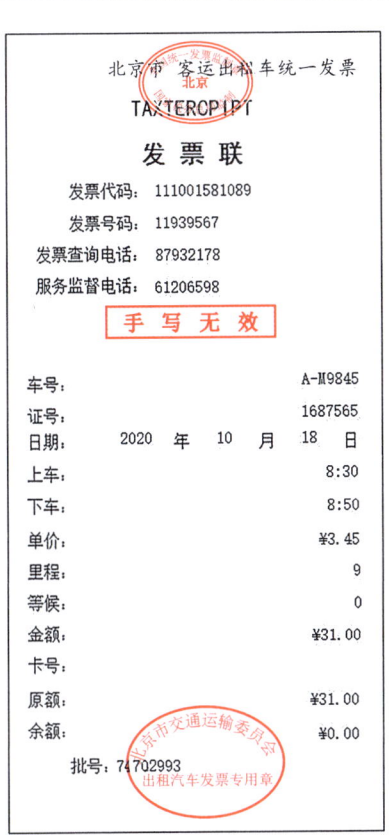

凭证 10-11-8

## 潍坊嘉华电子有限责任公司
## 差 旅 报 销 单

报销部门：　　　　　　　　　　　　年　月　日　　　　　　附件共　　张

| 姓　名 | | 出差事由 | | | | | | | |
|---|---|---|---|---|---|---|---|---|---|
| 出差起止日期自　年　月　日起至　月　日止共　　天 ||||||||||
| 日期 || 起讫地点 | 天数 | 机票费 | 车船费 | 市内交通费 | 住宿费 | 餐饮费 | 其他 | 小计 |
| 月 | 日 | | | | | | | | | |
| | | | | | | | | | | |
| | | | | | | | | | | |
| | | | | | | 合计 | | | | |
| 总计金额（大写） | | | | | 预支 | | | 退款 | | |

财务主管：　刘　岚　　出纳：　洪　丽　　复核：　　　　　　　报销人：

凭证10-12-1

## 中国银行 BANK OF CHINA  国内支付业务收款回单

客户号：66570889　　　　　　　　　　　　　　日期：2020年10月25日

| 收款人账号：9420964141366049011 | 付款人账号：9420964141366049011 |
| 收款人名称：潍坊嘉华电子有限责任公司 | 付款人名称：远大有限责任公司 |
| 收款人开户行：中国银行潍坊市青年路支行 | 付款人开户行：中国农业银行仓南路支行 |
| 金额：CNY45,200.00 | |
| 人民币肆万伍仟贰佰元整 | |

报文种类：hvps.111.001.01-客户发起汇兑业务报文
业务类型：A100-普通汇兑　　　　　　　　　　收支申报号：
业务标识号：2020102521023245　　　　　　　业务编号：
发起行行号：102789200121　　　　　　　　　接收行行号：106362005126
发起行名称：中国农业银行仓南路支行　　　　接收行名称：中国银行潍坊市青年路支行
入账账号：9420964141366049011　　　　　　入账户名：潍坊嘉华电子有限责任公司
用途：货款
附言：

如您已通过银行网点取得相应纸质回单，请注意核对，勿重复记账！

交易机构：10630　　交易渠道：网上银行　　交易流水号：6745513675326789　　经办：

回单编号：2020102543364326　　回单验证码：222K3XJZDASD　　打印时间：　　打印次数：　次

---

凭证10-13-1

## 中国银行 BANK OF CHINA  国内支付业务付款回单

客户号：66570889　　　　　　　　　　　　　　日期：2020年10月31日

| 付款人账号：9420964141366049011 | 收款人账号：10200040 |
| 付款人名称：潍坊嘉华电子有限责任公司 | 收款人名称：中国银行潍坊市青年路支行 |
| 付款人开户行：中国银行潍坊市青年路支行 | 收款人开户行：中国银行潍坊市青年路支行 |
| 金额：CNY3,000.00 | |
| 人民币叁仟元整 | |

报文种类：beps.121.001.01-客户发起普通贷记业务报文
业务类型：A100-普通汇兑　　　　　　　　　　收支申报号：
业务标识号：2020103121024335　　　　　　　业务编号：BNET 5600024770602032/000000000000
发起行行号：106362005126　　　　　　　　　接收行行号：106362005126
发起行名称：中国银行潍坊市青年路支行　　　接收行名称：中国银行潍坊市青年路支行
扣账账号：9420964141366049011　　　　　　扣账户名：潍坊嘉华电子有限责任公司
用途：支付利息
附言：

普通汇款业务不保证实时到账。该回单只能作为汇出银行受理汇款的依据，不能作为该笔汇款已入收款人账号的证明。

交易机构：10630　　交易渠道：网上银行　　交易流水号：6712513675326789　　经办：

回单编号：2020103143364213　　回单验证码：152K3XJZDSAK　　打印时间：　　打印次数：　次

凭证 10-13-2

## 潍坊嘉华电子有限责任公司
## 本月应付利息计算表

2020年10月31日

| 序号 | 起讫期 | 借款种类 | 计息基数 | 利率 | 应付利息（元） |
|---|---|---|---|---|---|
| 1 | 2020.10.01—2020.10.31 | 短期借款 | 600 000.00 | 6% | 3 000.00 |
| 合计 |  |  | — | — | 3 000.00 |

审核： 刘 岚　　　　　　　　　　制单： 王 芸

凭证 10-14-1

## 潍坊嘉华电子有限责任公司
## 销售产品成本计算表

年　月　日

| 产品名称 | 单位 | 本月销售 | | |
|---|---|---|---|---|
|  |  | 数量 | 单位成本 | 金额 |
| 传感器 |  |  |  |  |
| 传声器 |  |  |  |  |
| 合计 |  |  |  |  |

审核：　　　　　　　　复核：　　　　　　　　制表：

凭证10-15-1

## 潍坊嘉华电子有限责任公司
## 税金及附加计算表

　　　　　　　　　年　　月　　日　　　　　单位：元

| 税　种 | 计税依据 | | | 税率 | 应缴税额 |
| --- | --- | --- | --- | --- | --- |
| | 增值税 | 消费税 | 合计 | | |
| 城市维护建设税 | | | | 7% | |
| 教育费附加 | | | | 3% | |
| 合　　计 | | | | | |

　　审核：　　　　　　　　　　　制单：

# 项目十一　财务成果核算岗位会计实训

## 一、财务成果核算岗位职责

（1）参与利润计划和考核方法的制订并监督执行。

（2）按期汇总结转收入、收益、费用、损失，计算确定营业利润、利润总额和净利润，负责利润形成的会计核算。

（3）按《企业所得税法》的规定调整应纳税所得额，正确核算所得税费用。

（4）根据程序和要求，负责利润分配的会计核算。

（5）设置本年利润和利润分配类账簿，核算本年利润和利润分配。

## 二、财务成果核算岗位素质要求

（1）了解利润计划的编制情况，能审核此类计划的执行完成情况——工作离不开计划的要求。

（2）能进行利润明细分类核算，掌握各类明细账的设置、登记、核对、报结等。

（3）能进行利润核算业务的各类会计凭证处理，掌握利润核算业务的会计处理方法。

【思政园地】利润是企业的立命之本，是一个企业持续发展的根本保障，企业把追求利润最大化放在第一位，这无可厚非，但是作为利润核算岗位的财务人员，一定要恪守会计职业道德，明确利润是不可操控的这条底线。要按照财务制度规定的要求进行核算，不能为了完成上级管理部门下达的年度利润计划而虚增了利润，掩盖企业经营真相，更不能将本不应该在本期核算的某些收入采取提前入账的办法人为操控而增加利润。

## 三、财务成果核算岗位工作流程及实训要求

财务成果核算岗位的工作流程如图11-1所示。

财务成果核算岗位的实训要求如下：

（1）根据经济业务，填制或取得原始凭证并进行审核。

（2）根据审核无误的原始凭证，填制记账凭证。

（3）设置"营业外收入""营业外支出""利润分配"等明细账，根据审核无误的记账凭证逐笔登记明细账。

（4）设置总账并按要求登记有关损益类账户的总账。

（5）正确核算营业利润、利润总额和净利润。

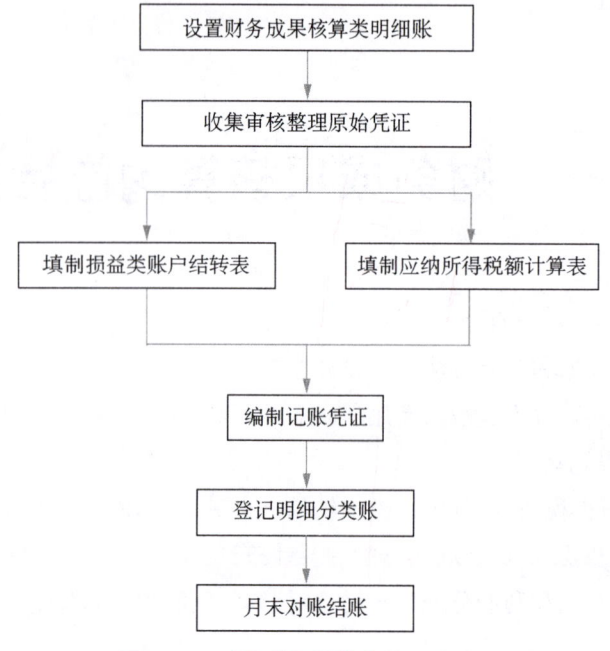

图11-1 财务成果核算岗位工作流程

## 四、实训资料

潍坊嘉华电子有限责任公司10月31日结转损益时涉及的有关收入、费用的本月发生额参照项目十收入费用核算岗位业务的金额。

2020年10月,潍坊嘉华电子有限责任公司发生的与财务成果核算相关的业务如下:

【1】13日,收到职工张明违反操作规定的罚款200元。

【2】15日,开出转账支票,向南苑社区康家敬老院捐款5 000元。

【3】26日,报废生产设备一台,该设备原值为20 000元,已计提折旧18 000元,残值收入现金2 800元,另以网银转账方式支付100元清理费用,不考虑相关税费因素,结转清理净损益。

【4】28日,因自然灾害,盘亏原材料一批,成本为4 000元,购入时增值税为520元。

【5】31日,将本月各损益类账户的发生额结转到"本年利润"账户。

【6】31日,计提并结转本月所得税(假设无纳税调整项目)。

## 五、实训原始凭证

以下是本月财务成果核算岗位所涉及的原始凭证。

凭证 11-1-1

# 收 款 收 据

NO.0000621

2020 年 10 月 13 日

今收到　　　张明

交　来　　违规操作罚款　　　　　　现金收讫

金额（大写）　零佰零拾零万零仟贰佰零拾零元零角零分

¥200.00　元　　　　　　　　收款单位（公章）

核准：刘岚　　会计：王芸　　出纳：洪丽　　经办人：

第三联：记账

凭证 11-2-1

## 公共事业捐赠统一票据

捐赠人：潍坊嘉华电子有限责任公司　　2020年10月13日　　NO:681692

| 捐赠项目 | 实物（外币）种类 | 数量 | 金额 | | | | | | | | 备注 |
|---|---|---|---|---|---|---|---|---|---|---|---|
| | | | 十万 | 万 | 千 | 百 | 十 | 元 | 角 | 分 | |
| 捐款 | 人民币 | 1 | | | 5 | 0 | 0 | 0 | 0 | 0 | |
| | | | | | | | | | | | |
| | | | | | | | | | | | |
| | | | | | | | | | | | |
| | | | | | | | | | | | |
| | | | ¥ | | 5 | 0 | 0 | 0 | 0 | 0 | |
| 合计金额（大写）伍仟元整 | | | | | | | | ¥5 000.00 | | | |

接受单位（盖章）：　　复核人：刘鹏　　开票人：李丽

凭证11-2-2

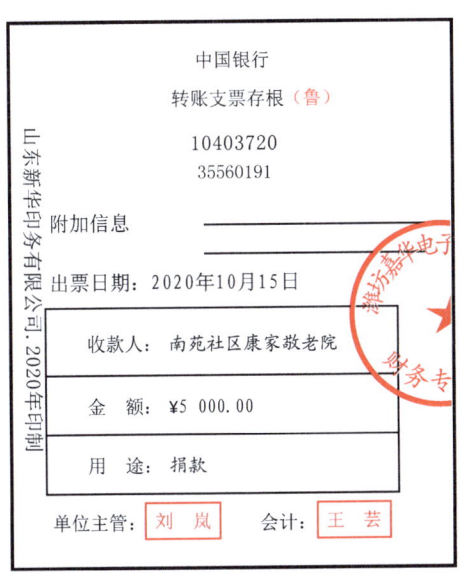

凭证11-3-1

## 潍坊嘉华电子有限责任公司
## 固定资产报废申请书

NO:847701

申报部门：生产车间　　　　　　　　申请日期：2020年10月26日

| 固定资产名称 | 车床266 | 购置时间 | 2010年10月15日 |
|---|---|---|---|
| 数量/单位 | 1 | 使用部门 | 生产车间 |
| 原值 | 20 000.00 | 净值 | 2 000.00 |
| 已提折旧 | 18 000.00 | 净残值 | 2 800.00 |
| 报废原因 | 设备已无法达到精度要求 | | |
| 资产管理部门意见 | 同意报废　2020年10月26日 | 公司意见 | 同意报废　2020年10月26日 |

此表一式两份，一份留申请部门，一份留财务部门。

凭证 11-3-2

## 潍坊嘉华电子有限责任公司
### 收 款 收 据
NO.0000622

2020 年 10 月 26 日

| | | |
|---|---|---|
| 今收到 | 物资回收公司 | |
| 交 来 | 设备报废残值收入 | 现金收讫 |
| 金额（大写） | 零佰零拾零万贰仟捌佰零拾零元零角零分 | |
| ¥2 800.00 元 | | 收款单位（公章） |

核准：刘岚　　会计：王芸　　出纳：洪丽　　经办人：

（潍坊嘉华电子有限责任公司 财务专用章）

第三联 记账

---

凭证 11-3-3

## 潍坊嘉华电子有限责任公司
### 固定资产清理损益计算表

| 日期 | 2020.10.26 | 资产使用部门 | 生产车间 |
|---|---|---|---|
| 资产名称 | 车床266 | 清理原因 | 达不到精度要求，报废 |
| 清理收入内容 | 金额 | 清理支出内容 | 金额 |
| 残料收入： | 2 800.00 | 账面净值： | 2 000.00 |
| | | 清理费用： | 100.00 |
| 固定资产清理净收益（损失"—"）：人民币（大写）柒佰元整 | | | ¥700.00 |

会计：王芸　　复核：刘岚　　制表：王芸

凭证11-3-4

## 中国银行 BANK OF CHINA
### 国内支付业务付款回单

| | | | |
|---|---|---|---|
| 客户号：66570889 | | 日期：2020年10月26日 | |
| 付款人账号：9420964141366049011 | | 收款人账号：3600534348136948745 | |
| 付款人名称：潍坊嘉华电子有限责任公司 | | 收款人名称：潍坊光明物业管理有限公司 | |
| 付款人开行：中国银行潍坊市青年路支行 | | 收款人开行：工行潍坊潍城区众迈路支行 | |
| 金额：CNY100.00 | | | |
| 人民币壹佰元整 | | | |
| 报文种类：beps.121.001.01-客户发起普通贷记业务报文 | | | |
| 业务类型：A100-普通汇兑 | | 收支申报号： | |
| 业务标识号：2020102621026321 | | 业务编号：BNET 5600024770602016/000000000000 | |
| 发起行号：106362005126 | | 接收行号：104009875621 | |
| 发起行名称：中国银行潍坊市青年路支行 | | 接收行名称：工行潍坊潍城区众迈路支行 | |
| 扣账账号：9420964141366049011 | | 扣账户名：潍坊嘉华电子有限责任公司 | |
| 用途：支付清理费 | | | |
| 附言： | | | |
| 普通汇款业务不保证实时到账。该回单只能作为汇出银行受理汇款的依据，不能作为该笔汇款已入收款人账号的证明。 | | | |
| 交易机构：10630 | 交易渠道：网上银行 | 交易流水号：6712436775326787 | 经办： |
| 回单编号：2020102643360214 | 回单验证码：422K3XJZDKBA | 打印时间： | 打印次数： 次 |

（中国银行股份有限公司 潍坊市青年路支行 业务专用章 8DF6HC82 6698A3T5）

凭证11-4-1

## 潍坊嘉华电子有限责任公司
## 存货盘点表

盘点部门：　　　　　　　　2020年10月28日　　　　　　　　金额单位：元

| 存货名称 | 计量单位 | 账存数量 | 实盘数量 | 盘盈数量 | 盘亏数量 | 单价 | 金额 | 备注 |
|---|---|---|---|---|---|---|---|---|
| 放大器 | 只 | 5 000 | 3 000 | | 2 000 | 2.00 | 4 000.00 | 自然灾害 |
| | | | | | | | | |
| | | | | | | | | |
| | | | | | | | | |
| | | | | | | | | |
| 财务部门处理意见： | | 情况属实，记入"营业外支出"账户。 | | | | | | |
| 单位主管部门批复处理意见： | | 同意 | | | | | | |

财务经理：　刘岚　　　　监盘人：　孟红伟　　　　盘点人：　温暖

凭证 11-5-1

# 潍坊嘉华电子有限责任公司
# 损益类账户结转表

2020年10月　　　　　　　　　　单位：元

| 科目名称 | 借方发生额 | 贷方发生额 |
|---|---|---|
| 主营业务收入 | | |
| 其他业务收入 | | |
| 投资收益 | | |
| 营业外收入 | | |
| 主营业务成本 | | |
| 其他业务成本 | | |
| 税金及附加 | | |
| 销售费用 | | |
| 管理费用 | | |
| 财务费用 | | |
| 营业外支出 | | |
| 合计 | | |

审核：　　　　　　　　　　制单：

凭证11-6-1

## 潍坊嘉华电子有限责任公司
## 应纳所得税额计算表

　　　　　　　　　年　月　　　　　　　单位：元

| 项目 | 金额 |
|---|---|
| 一、会计利润总额 | |
| 加：调增项目 | |
| 　1. | |
| 　2. | |
| 小计 | |
| 减：调减项目 | |
| 　1. | |
| 　2. | |
| 小计 | |
| 二、应纳税所得额 | |
| 　适用税率 | |
| 三、应纳所得税额 | |

审核：　　　　　　　　　　　　　制表：

# 项目十二　财务报表编制岗位会计实训

## 一、财务报表编制岗位职责

（1）负责财务报表的编制、汇总工作。
（2）负责财务报表的报送工作,包括主表、附表、附注及有关内部报表。
（3）配合外部审计,提供审计资料。
（4）利用财务报表数据进行财务分析,为管理层决策提供依据和支持。

## 二、财务报表编制岗位素质要求

（1）具备较强的实践工作能力。
（2）熟悉 Office 办公软件和财务软件操作。
（3）诚实守信,具有良好的职业道德。
（4）责任心强,具有良好沟通能力及协作精神。

【**思政园地**】作为报表编制岗位的财务人员,进行会计报表编制时,要以精益求精的工匠精神和严谨认真的科学精神来要求自己,要以真实的交易或事项等会计资料为依据进行编制,不弄虚作假,不粉饰报表。践行党的二十大提出的弘扬诚信文化,健全诚信建设长效机制的理念。

## 三、财务报表编制岗位工作流程及实训要求

财务报表编制的岗位工作流程如图 12-1 所示。

财务报表编制的实训要求如下：
（1）了解各报表之间的勾稽关系。
（2）能运用会计基本理论知识解释资产负债表和利润表项目的信息生成过程。
（3）掌握资产负债表、利润表的编制方法。
（4）根据已知数据完成相关原始凭证的填制并编制资产负债表和利润表。

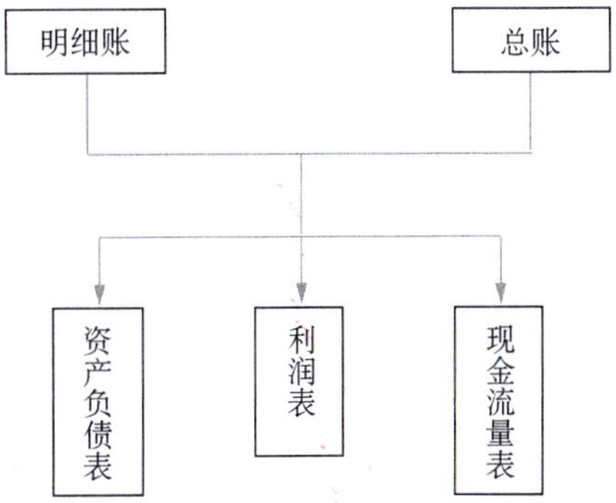

图 12-1　财务报表编制岗位工作流程

## 四、实训资料

潍坊嘉华电子有限责任公司 2020 年营业外支出中有 20 000 元为税收滞纳金罚款,不考虑其他项目的所得税影响。公司按净利润的 10% 提取法定盈余公积。

潍坊嘉华电子有限责任公司 2020 年 1 月 1 日有关科目余额及 2020 年 12 月 31 日损益结转及利润分配前有关科目发生额如表 12-1 所示。

**表 12-1  嘉华公司 2020 年有关科目年初余额和本期发生额**

| 账户名称 | 年初余额 借/贷 | 年初余额 余额 | 本期发生额 借方发生额 | 本期发生额 贷方发生额 | 年末余额 借/贷 | 年末余额 余额 |
|---|---|---|---|---|---|---|
| 库存现金 | 借方 | 1 440.00 | 49 968.00 | 49 968.00 | | |
| 银行存款 | 借方 | 1 855 152.00 | 3 830 448.96 | 3 598 365.60 | | |
| 其他货币资金 | 借方 | 168 480.00 | 288 000.00 | 456 480.00 | | |
| 交易性金融资产 | 借方 | 21 600.00 | 590 422.40 | 21 600.00 | | |
| 应收票据 | 借方 | 354 240.00 | 421 200.00 | 726 048.00 | | |
| 应收账款 | 借方 | 480 000.00 | 505 200.00 | 121 200.00 | | |
| ——顺达机电 | 借方 | 120 000.00 | 168 400.00 | 40 400.00 | | |
| ——春明机电 | 借方 | 360 000.00 | 336 800.00 | 80 800.00 | | |
| 坏账准备 | 贷方 | 1 440.00 | 960.00 | 2 112.00 | | |
| 预付账款 | 借方 | 144 000.00 | | | | |
| ——海星机电 | 借方 | 148 000.00 | | | | |
| ——佳通机电 | 贷方 | 4 000.00 | | | | |
| 其他应收款 | 借方 | 439 200.00 | 8 640.00 | 8 640.00 | | |
| 材料采购 | 借方 | 12 000.00 | 359 712.00 | 287 712.00 | | |
| 原材料 | 借方 | 1 200 000.00 | 280 800.00 | 1 008 000.00 | | |
| 周转材料 | 借方 | 24 000.00 | 64 605.60 | 72 000.00 | | |
| 库存商品 | 借方 | 2 178 390.00 | 1 858 176.00 | 1 080 000.00 | | |
| 材料成本差异 | 借方 | 60 810.00 | 7 200.00 | 54 288.00 | | |
| 生产成本 | 借方 | 240 000.00 | 1 846 656.00 | 1 846 656.00 | | |
| 制造费用 | | | 336 816.00 | 336 816.00 | | |
| 其他流动资产 | 借方 | 96 144.00 | 47 856.00 | | | |
| 长期股权投资 | 借方 | 360 000.00 | | | | |
| 长期股权投资减值准备 | 贷方 | | | | | |
| 固定资产 | 借方 | 1 627 200.00 | 2 140 516.80 | 864 000.00 | | |
| 固定资产减值准备 | 贷方 | | | 43 200.00 | | |
| 累计折旧 | 贷方 | 475 200.00 | 475 200.00 | 144 000.00 | | |
| 固定资产清理 | 借方 | | 461 520.00 | 461 520.00 | | |
| 工程物资 | 借方 | | 216 000.00 | | | |
| 在建工程 | 借方 | 2 160 000.00 | 616 320.00 | 2 016 000.00 | | |
| 无形资产 | 借方 | 864 000.00 | | | | |
| 累计摊销 | 贷方 | | | 86 400.00 | | |
| 无形资产减值准备 | | | | | | |
| 长期待摊费用 | | | | | | |
| 递延所得税资产 | | | | | | |
| 其他非流动资产 | 借方 | 288 000.00 | | | | |

(续表)

| | | | | | | |
|---|---|---|---|---|---|---|
| 短期借款 | 贷方 | 432 000.00 | 360 000.00 | 400 000.00 | | |
| 应付票据 | 贷方 | 288 000.00 | 144 000.00 | | | |
| 应付账款 | 贷方 | 1 374 912.00 | | | | |
| ——远大公司 | 贷方 | 1 374 912.00 | | | | |
| 应付职工薪酬 | 贷方 | 158 400.00 | 720 000.00 | 820 800.00 | | |
| 应交税费（增值税） | 贷方 | 52 704.00 | 228 032.64 | 306 000.00 | | |
| 应交税费（所得税） | 贷方 | | | (     ) | | |
| 其他应付款 | 贷方 | 72 000.00 | | 31 222.40 | | |
| 应付利息 | 贷方 | | 302 400.00 | 302 400.00 | | |
| 应付股利 | 贷方 | | | | | |
| 其他流动负债 | 贷方 | 1 440 000.00 | | | | |
| 长期借款 | 贷方 | 864 000.00 | 907 200.00 | 1 483 200.00 | | |
| 实收资本（股本） | 贷方 | 7 200 000.00 | | | | |
| 盈余公积 | 贷方 | 144 000.00 | | (     ) | | |
| 利润分配——未分配利润 | 贷方 | 72 000.00 | (     ) | (     ) | | |
| 主营业务收入 | | | | 1 800 000.00 | | |
| 其他业务收入 | | | | 20 000.00 | | |
| 主营业务成本 | | | 1 080 000.00 | | | |
| 其他业务成本 | | | 12 000.00 | | | |
| 税金及附加 | | | 2 880.00 | | | |
| 销售费用 | | | 28 800.00 | | | |
| 管理费用 | | | 139 824.00 | | | |
| ——研发费用 | | | 50 000.00 | | | |
| ——办公费 | | | 69 824.00 | | | |
| ——折旧费 | | | 20 000.00 | | | |
| 财务费用 | | | 43 200.00 | | | |
| ——利息费用 | | | 45 200.00 | | | |
| ——利息收入 | | | | 2 000.00 | | |
| 资产减值损失 | | | 44 496.00 | | | |
| 投资收益 | | | 2 880.00 | 5 040.00 | | |
| 营业外支出 | | | 31 737.60 | | | |
| 所得税费用 | | | | | | |
| 本年利润 | | | | | | |

## 五、实训原始凭证

以下是本月财务报表编制岗位所涉及的原始凭证。

凭证12-1-1

## 潍坊嘉华电子有限责任公司
## 本月损益类账户结转表

年　月　　　　　　　　　　单位：元

| 科目名称 | 借方发生额 | 贷方发生额 |
|---|---|---|
|  |  |  |
|  |  |  |
|  |  |  |
|  |  |  |
|  |  |  |
|  |  |  |
|  |  |  |
|  |  |  |
|  |  |  |
|  |  |  |
|  |  |  |
| 合计 |  |  |

审核：　　　　　　　　　　制单：

凭证12-1-2

## 潍坊嘉华电子有限责任公司
## 应纳所得税额计算表

年　月　　　　　　　　　　单位：元

| 项目 | 金额 |
|---|---|
| 一、会计利润总额 |  |
| 加：调增项目 |  |
| 1. |  |
| 2. |  |
| 小计 |  |
| 减：调减项目 |  |
| 1. |  |
| 2. |  |
| 小计 |  |
| 二、应纳税所得额 |  |
| 适用税率 |  |
| 三、应纳所得税额 |  |

审核：　　　　　　　　　　制表：

凭证12-1-3

## 潍坊嘉华电子有限责任公司
## 本年提取盈余公积计算表

年　　月　　　　　　　　单位：元

| 项目 | 金额 |
|---|---|
| 本年净利润 | |
| 减：弥补企业以前年度亏损 | |
| 计提盈余公积基数 | |
| 本年应计提法定盈余公积 | |

审核：　　　　　　　　　　制表：

凭证12-1-4

## 潍坊嘉华电子有限责任公司
## 利润分配计算表

年　　月　　　　　　　　单位：元

| 项目 | 金额 |
|---|---|
| 利润总额 | |
| 所得税费用 | |
| 净利润 | |
| 提取盈余公积 | |
| 未分配利润 | |

审核：　　　　　　　　　　制表：

# 资产负债表

编制单位：　　　　　　　　　　　　　年　月　日　　　　　　　　　　　　　单位：元

| 资产 | 行次 | 期末余额 | 上年年末余额 | 负债和所有者权益（或股东权益） | 行次 | 期末余额 | 上年年末余额 |
|---|---|---|---|---|---|---|---|
| 流动资产： | | | | 流动负债： | | | |
| 货币资金 | 1 | | | 短期借款 | 35 | | |
| 交易性金融资产 | 2 | | | 交易性金融负债 | 36 | | |
| 衍生金融资产 | 3 | | | 衍生金融负债 | 37 | | |
| 应收票据 | 4 | | | 应付票据 | 38 | | |
| 应收账款 | 5 | | | 应付账款 | 39 | | |
| 应收款项融资 | 6 | | | 预收款项 | 40 | | |
| 预付款项 | 7 | | | 合同负债 | 41 | | |
| 其他应收款 | 8 | | | 应付职工薪酬 | 42 | | |
| 存货 | 9 | | | 应交税费 | 43 | | |
| 合同资产 | 10 | | | 其他应付款 | 44 | | |
| 持有待售资产 | 11 | | | 一年内到期的非流动负债 | 45 | | |
| 一年内到期的非流动资产 | 12 | | | 其他流动负债 | 46 | | |
| 其他流动资产 | 13 | | | 流动负债合计 | 47 | | |
| 流动资产合计 | 14 | | | 非流动负债： | | | |
| 非流动资产： | | | | 长期借款 | 48 | | |
| 债权投资 | 15 | | | 应付债券 | 49 | | |
| 其他债权投资 | 16 | | | 其中：优先股 | 50 | | |
| 长期应收款 | 17 | | | 　　　永续债 | 51 | | |
| 长期股权投资 | 18 | | | 长期应付款 | 52 | | |
| 其他权益工具投资 | 19 | | | 预计负债 | 53 | | |
| 其他非流动金融资产 | 20 | | | 递延收益 | 54 | | |
| 投资性房地产 | 21 | | | 递延所得税负债 | 55 | | |
| 固定资产 | 22 | | | 其他非流动负债 | 56 | | |
| 在建工程 | 23 | | | 非流动负债合计 | 57 | | |
| 生产性生物资产 | 24 | | | 负债合计 | 58 | | |
| 油气资产 | 25 | | | 所有者权益(或股东权益)： | | | |
| 使用权资产 | 26 | | | 实收资本(或股本) | 59 | | |
| 无形资产 | 27 | | | 其他权益工具 | 60 | | |
| 开发支出 | 28 | | | 其中：优先股 | 61 | | |
| 商誉 | 29 | | | 　　　永续债 | 62 | | |
| 长期待摊费用 | 30 | | | 资本公积 | 63 | | |
| 递延所得税资产 | 31 | | | 减：库存股 | 64 | | |
| 其他非流动资产 | 32 | | | 其他综合收益 | 65 | | |
| 非流动资产合计 | 33 | | | 专项储备 | 66 | | |
| | | | | 盈余公积 | 67 | | |
| | | | | 本年利润 | 68 | | |
| | | | | 未分配利润 | 69 | | |
| | | | | 所有者权益(或股东权益)合计 | 70 | | |
| 资产总计 | 34 | | | 负债及所有者权益总计 | 71 | | |

单位负责人：　　　　　　　　主管会计工作负责人：　　　　　　　　会计机构负责人：

# 利 润 表

编制单位：　　　　　　　　　　　　　年　月　　　　　　　　　　　　　单位：元

| 项目 | 本期金额 | 上期金额 |
|---|---|---|
| 一、营业收入 | | |
| 　　减：营业成本 | | |
| 　　　　税金及附加 | | |
| 　　　　销售费用 | | |
| 　　　　管理费用 | | |
| 　　　　研发费用 | | |
| 　　　　财务费用 | | |
| 　　　　　其中：利息费用 | | |
| 　　　　　　　利息收入 | | |
| 　　加：其他收益 | | |
| 　　　　投资收益（损失以"－"号填列） | | |
| 　　　　　其中：对联营企业和合营企业的投资收益 | | |
| 　　　　　　　以摊余成本计量的金融资产终止确认收益（损失以"－"号填列） | | |
| 　　　　净敞口套期收益（损失以"－"号填列） | | |
| 　　　　公允价值变动收益（损失以"－"号填列） | | |
| 　　　　信用减值损失（损失以"－"号填列） | | |
| 　　　　资产减值损失（损失以"－"号填列） | | |
| 　　　　资产处置收益（损失以"－"号填列） | | |
| 二、营业利润（亏损以"－"号填列） | | |
| 　　加：营业外收入 | | |
| 　　减：营业外支出 | | |
| 三、利润总额（亏损总额以"－"号填列） | | |
| 　　减：所得税费用 | | |
| 四、净利润（净亏损以"－"号填列） | | |
| 　　（一）持续经营净利润（净亏损以"－"号填列） | | |
| 　　（二）终止经营净利润（净亏损以"－"号填列） | | |
| 五、其他综合收益的税后净额 | | |
| 　　（一）不能重分类进损益的其他综合收益 | | |
| 　　　1. 重新计量设定受益计划变动额 | | |
| 　　　2. 权益法下不能转损益的其他综合收益 | | |
| 　　　3. 其他权益工具投资公允价值变动 | | |
| 　　　4. 企业自身信用风险公允价值变动 | | |
| 　　（二）将重分类进损益的其他综合收益 | | |
| 　　　1. 权益法下可转损益的其他综合收益 | | |
| 　　　2. 其他债权投资公允价值变动 | | |
| 　　　3. 金融资产重分类计入其他综合收益的金额 | | |
| 　　　4. 其他债权投资信用减值准备 | | |
| 　　　5. 现金流量套期储备 | | |
| 　　　6. 外币财务报表折算差额 | | |
| 六、综合收益总额 | | |
| 七、每股收益： | | |
| 　　（一）基本每股收益 | | |
| 　　（二）稀释每股收益 | | |

# 项目十三　综合业务实训

## 一、实训目标

通过综合业务实训,学生可以了解企业的组织形式,熟悉会计工作岗位之间的业务衔接关系和内部控制要求,全面系统地掌握填制凭证、登记账簿和编制财务报表完整会计循环中应具备的基本操作技能,是对学生所学专业知识的一个综合检验。

## 二、会计业务工作流程及实训要求

会计业务的工作流程如图 13-1 所示。

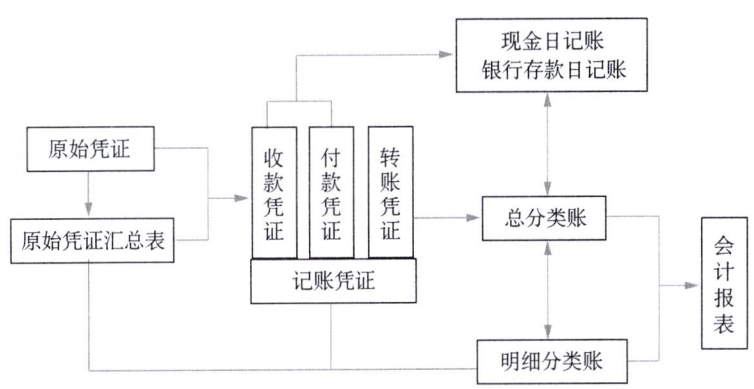

图 13-1　会计业务工作流程

会计业务的实训要求如下:

(1)建账并登记期初余额。根据潍坊嘉华电子有限责任公司 2020 年 1 月有关期初资料和本月发生的经济业务内容,选择不同格式的账页进行建账,登记各有关日记账、明细账和总账的期初余额。

(2)编制记账凭证。根据资料中提供的原始凭证或原始凭证汇总表的内容,编制记账凭证并进行审核,将原始单据附后。如果资料中涉及自制原始凭证内容不全的,补填有关原始凭证。

(3)登记日记账和明细账。根据审核无误的记账凭证及原始凭证登记现金日记账、银行存款日记账和各类明细账。

(4)登记总账。编制科目汇总表,并据此登记总账。

(5)对账和结账。账证实核对、试算平衡并结账。

(6) 编制财务报表。根据账簿资料编制资产负债表和利润表。

(7) 归档会计档案。整理和装订凭证和账簿。

### 三、实训组织

1. 手工实训

在手工实训环节，学校可采用混岗实训的方式，即可以由每一位学生独立完成一个月的实训内容，也可以采用分岗与轮岗相结合的实训方式，按照经济业务类型的不同，将学生分为出纳、成本会计、记账会计及会计主管四个岗位，在每一组内按照会计工作的要求，建立会计工作岗位责任制，按照会计机构内部各岗位分工情况进行分工，各岗位之间进行凭证传递，协同处理会计业务，再定期将会计工作岗位进行有计划地轮换，以掌握每个会计岗位的技能，经历完整的会计工作流程。

各岗位主要职责如下：

（1）出纳岗位主要负责资金收支、现金管理、设置及登记现金及银行存款日记账、票据管理、期末对账结账等工作。

（2）成本会计岗位主要负责成本的核算、设置及登记成本相关的明细分类账、填制成本相关的记账凭证、期末对账结账等工作。

（3）记账会计岗位主要负责除日记账、成本类明细分类账之外的其他明细账簿的设置及登记工作，还负责除成本相关的记账凭证外其他记账凭证的填制工作，并能按照要求完成期末对账结账及编制会计报表。

（4）会计主管岗位主要负责凭证审核、总账的登记、期末对账结账、报表审核等工作。

2. 智能化平台实训

本实训内容也可以采用会计智能化实训平台完成。在会计智能化平台，会计工作重新分配为出纳、票据采集、票据制单、主管会计。因此，在相应的智能化实训平台，实训岗位也相应分为出纳、票据采集、票据制单、会计主管四个岗位。

各岗位主要职责如下：

（1）出纳岗位主要负责资金收支、现金管理、票据管理等工作。

（2）票据采集岗位主要负责票据的采集、查验及审核等工作。

（3）票据制单岗位主要负责记账凭证的查验、修改、增加等工作。

（4）会计主管岗位主要负责基础设置、凭证审核、结账、报表审核等工作。

### 四、实训所需资料

（一）潍坊嘉华电子有限责任公司2020年1月份期初资料

（1）2020年1月初各分类账户余额如表13-1所示。

表 13-1　2020年1月份各分类账户期初余额

单位:元

| 账户名称 | 借方 | 贷方 |
|---|---|---|
| 库存现金 | 6 760.00 | |
| 银行存款 | 1 907 819.16 | |
| 银行存款——中行存款 | 1 800 402.06 | |
| 银行存款——农信社存款 | 107 417.10 | |
| 其他货币资金——存出投资款 | 160 000.00 | |
| 应收票据——春明机电有限公司 | 208 350.00 | |
| 应收账款 | 750 000.00 | |
| 应收账款——共达公司 | 510 000.00 | |
| 应收账款——蓝天公司 | 240 000.00 | |
| 坏账准备(应收账款) | | 2 250.00 |
| 预付账款——佳通机电有限责任公司 | 135 000.00 | |
| 其他应收款(押金) | 6 750.00 | |
| 原材料 | 319 000.00 | |
| 库存商品 | 500 000.00 | |
| 长期股权投资——海洋公司 | 607 500.00 | |
| 固定资产 | 1 290 000.00 | |
| 累计折旧 | | 162 133.33 |
| 无形资产 | 238 000.00 | |
| 累计摊销 | | 118 999.80 |
| 递延所得税资产 | 562.50 | |
| 应付账款——大宇公司 | | 289 850.00 |
| 应付职工薪酬 | | 285 227.84 |
| 应付职工薪酬——工资 | | 203 571.08 |
| 应付职工薪酬——社会保险费 | | 56 592.76 |
| 应付职工薪酬——住房公积金 | | 20 357.11 |
| 应付职工薪酬——工会经费 | | 2 635.47 |
| 应付职工薪酬——职工教育经费 | | 2 071.42 |
| 应交税费 | | 55 291.97 |
| 应交税费——未交增值税 | | 18 264.01 |
| 应交税费——应交城市维护建设税 | | 1 278.48 |
| 应交税费——应交教育费附加 | | 547.92 |
| 应交税费——应交所得税 | | 35 201.56 |
| 实收资本 | | 4 500 000.00 |

(续表)

| 账户名称 | 借方 | 贷方 |
|---|---|---|
| 盈余公积 |  | 494 227.69 |
| 本年利润 |  | 0 |
| 利润分配——未分配利润 |  | 221 761.03 |
| 合计 | 6 129 741.66 | 6 129 741.66 |

(2) 2020年1月初"原材料"明细账户期初余额如表13-2所示。

表13-2 "原材料"明细账户期初余额表

金额单位:元

| 总账科目 | 明细科目 | 规格 | 计量单位 | 数量 | 单价 | 金额 |
|---|---|---|---|---|---|---|
| 原材料 | 线圈 | SO203 | 只 | 110 000 | 0.40 | 44 000.00 |
|  | 场效应管 | TF219 | 只 | 110 000 | 0.60 | 66 000.00 |
|  | 放大器 | AD822 | 只 | 110 000 | 1.80 | 198 000.00 |
|  | 塑壳 | SC408 | 只 | 110 000 | 0.10 | 11 000.00 |
|  | 合计 |  |  |  |  | 319 000.00 |

(3) 2020年1月初"库存商品"明细账户期初余额如表13-3所示。

表13-3 "库存商品"明细账户期初余额表

金额单位:元

| 总账科目 | 明细科目 | 计量单位 | 数量 | 单价 | 金额 |
|---|---|---|---|---|---|
| 库存商品 | 传感器 | 件 | 50 000 | 6.00 | 300 000.00 |
|  | 传声器 | 件 | 50 000 | 4.00 | 200 000.00 |
|  | 合计 |  |  |  | 500 000.00 |

(4) 固定资产使用情况如表13-4所示,固定资产采用年限平均法计提折旧。

表13-4 固定资产使用情况

金额单位:元

| 部门 | 资产名称 | 原值 | 开始使用时间 | 折旧年限 | 残值率 | 月折旧额 | 已提折旧 |
|---|---|---|---|---|---|---|---|
| 管理部门 | 办公楼 | 240 000.00 | 2015.12.25 | 40 | 5% | 475.00 | 22 800.00 |
|  | 车库 | 180 000.00 | 2015.12.25 | 40 | 5% | 356.25 | 17 100.00 |
| 销售机构 | 办公楼 | 120 000.00 | 2015.12.25 | 40 | 5% | 237.50 | 11 400.00 |
| 生产车间 | 厂房 | 500 000.00 | 2015.12.25 | 40 | 5% | 989.58 | 47 500.00 |
|  | 生产线 | 250 000.00 | 2015.12.25 | 15 | 5% | 1 319.44 | 63 333.33 |
|  | 合计 | 1 290 000.00 |  |  |  | 3 377.77 | 162 133.33 |

(5) 无形资产使用情况如表 13-5 所示,无形资产按照 10 年的摊销期摊销,已经摊销 5 个月。

表 13-5　无形资产使用情况表

金额单位:元

| 资产名称 | 原值 | 开始使用时间 | 摊销年限 | 月摊销额 | 已提摊销 |
|---|---|---|---|---|---|
| 专利权 | 238 000.00 | 2019.08.25 | 10 | 1 983.33 | 9 916.65 |
| 合计 | 238 000.00 | | | 1 983.33 | 9 916.65 |

(6) 其他情况说明如表 13-6 所示。

表 13-6　其他情况说明表

| 原材料名称 | 数量 | 产成品 |
|---|---|---|
| 线圈 | 1 只 | 1 件传声器 |
| 场效应管 | 1 只 | |
| 放大器 | 1 只 | |
| 塑壳 | 1 只 | |
| 线圈 | 1 只 | 1 件传感器 |
| 场效应管 | 1 只 | |
| 放大器 | 1 只 | |
| 塑壳 | 1 只 | |

(二) 2020 年 1 月份,潍坊嘉华电子有限责任公司发生的经济业务如下:

【1】1 日,向银行借入款项 200 000 元,时间为 10 个月,月息 6.5‰。

【2】1 日,采购部用转账支票向海星机电有限责任公司购入塑壳 100 000 只,价款为 10 000 元,增值税额为 1 300 元,合计 11 300 元,已经验收入库。

【3】1 日,采购部向远大有限责任公司购入放大器 20 000 只,价款为 38 000 元,增值税额为 4 940 元。货已经验收入库。款项未支付。

【4】1 日,销售机构向鸿运有限责任公司销售传感器 30 000 件,单价为 10 元,价款为 300 000 元,增值税额为 39 000 元。款项未收取。

【5】2 日,采购部 1 日购入的塑壳 100 只出现质量问题办理退货,收到退回的现金 11.30 元。

【6】2 日,销售机构向顺达机电公司销售传声器 30 000 件,单价为 7 元,价款为 210 000 元,增值税额为 27 300 元。已经办好托收手续。

【7】3 日,出纳通过网银预付行政部门电话费 2 500 元。

【8】3 日,1 日销售的传感器有 50 件与合同规定不符被退回,出纳开出转账支票支付退货款。

【9】4日,计提本月高级管理人员房屋租赁费3 000元。

【10】5日,支付高级管理人员租赁房屋的费用。

【11】6日,采购部向潍坊大华有限责任公司购入线圈70 000只,单价为0.4元,价款为28 000元,增值税额为3 640元。购入场效应管70 000只,单价为0.6元,价款为42 000元,增值税额为5 460元。

【12】7日,办公室购买打印纸,用转账支票支付1 356元。部门直接领用,其中生产部门200元,管理部门800元,销售机构200元,作为低值易耗品使用。一次性摊销。

【13】8日,办公室刘军预借差旅费2 000元,以现金支付。

【14】9日,取现161 839.00元,发放上月工资。

【15】10日,交纳上月增值税18 264.01元,城市维护建设税1 278.48元,教育费附加547.92元,上年度的企业所得税35 201.56元。

【16】11日,刘军出差归来,报销差旅费1 800元,剩余资金退回。

【17】12日,预定的切割机到货,对方安装人员现场安装完毕,经测试后可以直接使用。增值税发票列示:切割机135 000元,增值税额17 550元;运费1 000元,增值税额90元。未付款项及代垫运费通过银行转账方式付款。切割机的预计使用期限为10年,预计净残值为1 000元。

【18】13日,发生业务招待费1 000元,现金付讫。

【19】14日,开出转账支票,对希望小学捐赠5 000元。

【20】15日,用网银转账方式支付广告费2 000元。

【21】19日,接银行通知收到共达公司货款510 000元。

【22】20日,上月职工的"五险一金"及代扣个人所得税上交专户。

【23】21日,接到电费增值税发票,电费3 300元,增值税额429元,价税合计3 729元,以银行转账方式支付。其中生产部门用电3 000元,管理部门用电200元,销售机构用电100元。

【24】22日,接到水费代收款单和水费增值税发票,水费为700元,增值税额为63元,价税合计763元,以银行转账方式支付。其中,生产部门用水500元,管理部门用水100元,销售机构用水100元。

【25】23日,生产车间为生产传声器领用线圈50 000只,放大器50 000只,场效应50 000只,塑壳50 000只。为生产传感器领用线圈50 000只,放大器50 000只,场效应50 000只,塑壳50 000只。

【26】31日,分配本月工资费用。其中,车间分配132 607.1元,按照工时进行分配,传感器工时1 400小时,传声器工时600小时,车间管理人员分配10 300元,管理部门分配36 918元,销售机构23 746元。职工个人的"三险一金"由企业支付工资时代扣,上交专户时代交。

【27】31日,计提本月由企业承担的职工"五险一金"费用。

【28】31日,计提本月职工教育经费和工会经费。

【29】31日,计提本月固定资产折旧。

【30】31日,摊销本月无形资产费用1 983.33元。摊销期为10年。

【31】31日,计提本月贷款利息费用1 300元。

【32】31日,按照工时分配并结转本月制造费用。

【33】31日,计算并结转本月完工产品成本。传感器完工50 000件,传声器完工50 000件。

【34】31日,计算并结转本月产品的销售成本。

【35】31日,计算未交增值税。

【36】31日,计算本月的应交城建税及教育费附加。

【37】31日,结转本月损益类账户。

【38】31日,计算本月应纳的企业所得税。

## 五、实训原始凭证

以下是本月相关业务所涉及的原始凭证。

凭证13-1-1

## 中国银行 公司贷款凭证

鲁中1009（四联）

No.0006669

借款日期：2020年01月01日

| 借款人 | 潍坊嘉华电子有限责任公司 | 批文号 | 鲁中银【2020】002号 |
| --- | --- | --- | --- |
| 借款账号 | 9435703172659346 9635 | 存款账号 | 9420964141366049011 |
| 金额币大写 | 人民币贰拾万元整 | | ¥ 2 0 0 0 0 0 0 0 |
| 借款日期 | 2020年01月01日 | 借款到期日 | 2020年11月01日　借款期限 10月　年利率 7.8% |
| 借款用途 | 经营性借款 | | |

会计分录：

（借）

（贷）

银行转讫章　　　　　复核：　　　　　记账：

复核：　　　　　　　　　　　　　经办：

（中国银行股份有限公司 潍坊市青年路支行 业务专用章 8DF6HC82 6698A3T5）

此联代放款通知和借款人收账通知

---

凭证13-2-1

# 潍坊嘉华电子有限责任公司
# 付款申请单

申请日期：2020年01月01日

| 申请部门 | 采购部 | 申请人 | 赵红 |
| --- | --- | --- | --- |
| 申请事由 | 支付购货款 | | |
| 收款单位 | 海星机电有限责任公司 | 收款人 | 郭婷 |
| 申请付款金额 | ¥11 300.00 | 人民币（大写） | 壹万壹仟叁佰元整 |
| 付款方式 | 转账支票 | | |
| 备注 | | | |

主管领导：雷鸣　　　　　财务负责人：刘岚

凭证13-2-2

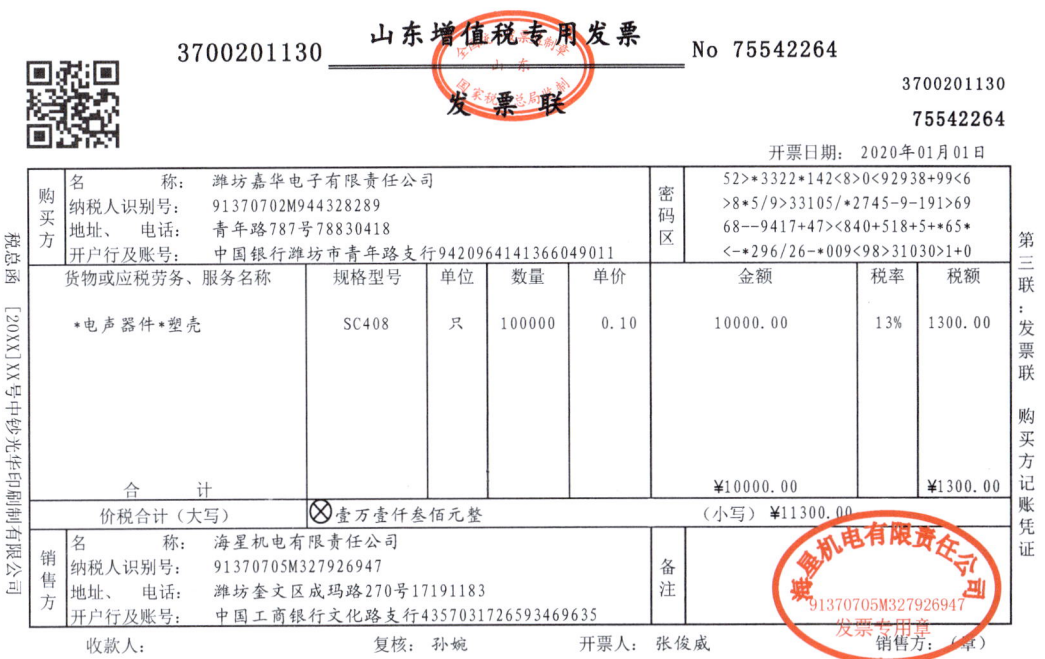

凭证13-2-3

## 潍坊嘉华电子有限责任公司
## 材 料 入 库 单

发票号码：75542264　　　　　　　　　　　　　　　　　　　　　编　号：7393201
供应单位：海星机电有限责任公司　　2020年01月01日　　　　　收料仓库：原材料库

| 序号 | 名　称 | 规格型号 | 单位 | 数量 应收 | 数量 实收 | 买价 单价 | 买价 金额 | 运杂费 | 合计 | 单位成本 |
|---|---|---|---|---|---|---|---|---|---|---|
| 1 | 塑壳 | SC408 | 只 | 100 000 | 100 000 | 0.10 | 10 000.00 |  | 10 000.00 | 0.10 |
|  |  |  |  |  |  |  |  |  |  |  |
|  | 合　计 |  |  | 100 000 | 100 000 |  |  |  |  |  |

采购员：赵　红　　　记账：王　芸　　　检验员：温　暖　　　制表：孟红伟

凭证 13-2-4

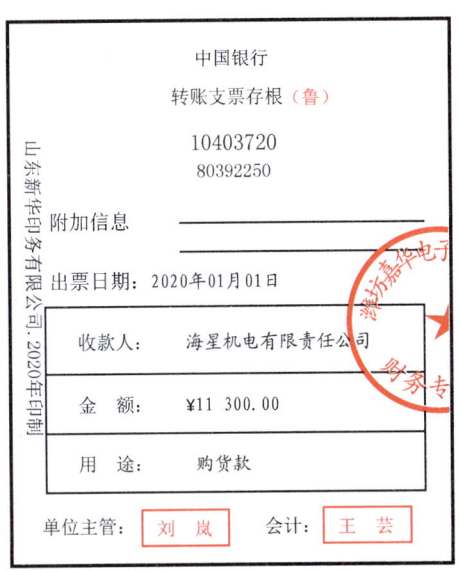

凭证 13-3-1

凭证 13-3-2

## 潍坊嘉华电子有限责任公司
## 材 料 入 库 单

发票号码：17744325　　　　　　　　　　2020年01月01日　　　　　　　　　编　　号：7393202
供应单位：远大有限责任公司　　　　　　　　　　　　　　　　　　　　　收料仓库：原材料库

| 序号 | 名称 | 规格型号 | 单位 | 数量 | | 实际成本(元) | | | | |
|---|---|---|---|---|---|---|---|---|---|---|
| | | | | | | 买价 | | 运杂费 | 合计 | 单位成本 |
| | | | | 应收 | 实收 | 单价 | 金额 | | | |
| 1 | 塑壳 | AD822 | 只 | 20 000 | 20 000 | 1.90 | 38 000 | | 38 000 | 1.90 |
| | | | | | | | | | | |
| | | | | | | | | | | |
| | 合　计 | | | 20 000 | 20 000 | | | | | |

采购员：赵 红　　　　　记账：王 芸　　　　　检验员：温 暖　　　　　制表：孟红伟

---

凭证 13-4-1

## 潍坊嘉华电子有限责任公司
## 出　库　单

No.42867704

购货单位：鸿运有限责任公司　　　　　　2020年01月01日

| 编号 | 商品名称及规格 | 单位 | 数量 | 备注 |
|---|---|---|---|---|
| 1 | 传感器 | 件 | 30 000 | |
| | | | | |
| | | | | |
| | | | | |

第二联 记账联

保管员：严 谨　　　　　记账：王 芸　　　　　制表：孟红伟

凭证13-4-2

山东增值税专用发票　No 18898970

3700201130　　　　　　　　　　　　　　　　　　　　　　　3700201130
此联不得作销项扣税凭证使用　　　　　　　　　　　　　　　18898970

开票日期：2020年01月01日

| 购买方 | 名称： | 鸿运有限责任公司 | | | | 密码区 | 56+5*27565/>5078-83545/2867<br>-4117+6504*6-7>2858874<70<br>6>-5>4-/+60>>-8-6080/39/377<br>0***6-196043434**34/60*-835 | | |
|---|---|---|---|---|---|---|---|---|---|
| | 纳税人识别号： | 91370705M721749541 | | | | | | | |
| | 地址、电话 | 潍坊奎文区圣彩路573号 57573444 | | | | | | | |
| | 开户行及账号 | 中行文化路支行7395267766185501099 | | | | | | | |
| 货物或应税劳务、服务名称 | | 规格型号 | 单位 | 数量 | 单价 | 金额 | | 税率 | 税额 |
| *电声器件*传感器 | | | 件 | 30000 | 10.00 | 300000.00 | | 13% | 39000.00 |
| 合计 | | | | | | ¥300000.00 | | | ¥39000.00 |
| 价税合计（大写） | | ⊗ 叁拾叁万玖仟元整 | | | | （小写）¥339000.00 | | | |
| 销售方 | 名称： | 潍坊嘉华电子有限责任公司 | | | | 备注 | | | |
| | 纳税人识别号： | 91370702M944328289 | | | | | | | |
| | 地址、电话 | 青年路787号 78830418 | | | | | | | |
| | 开户行及账号 | 中国银行潍坊市青年路支行9420964141366049011 | | | | | | | |

收款人：　　　复核：王芸　　　开票人：洪丽　　　销售方：（章）

凭证13-5-1

山东增值税专用发票
发票联

3700201130　　　　　　　　　　　　　　　　　　　　　　　3700201130
　　　　　　　　　　　　　　　　　　　　　　　　　　　　75542269

开票日期：2020年01月02日

| 购买方 | 名称： | 潍坊嘉华电子有限责任公司 | | | | 密码区 | 56+5*27565/>5078-83545398<br>-4117+6504*S6-7>2858874<70<br>6>-5>4-/+60>>-8-6080/39/377<br>0**6-196043434**34/60*-9872 | | |
|---|---|---|---|---|---|---|---|---|---|
| | 纳税人识别号： | 91370702M944328289 | | | | | | | |
| | 地址、电话 | 青年路787号 78830418 | | | | | | | |
| | 开户行及账号 | 中国银行潍坊市青年路支行9420964141366049011 | | | | | | | |
| 货物或应税劳务、服务名称 | | 规格型号 | 单位 | 数量 | 单价 | 金额 | | 税率 | 税额 |
| *电声器件*塑壳 | | SC408 | 只 | -100 | 0.10 | -10.00 | | 13% | -1.30 |
| 合计 | | | | | | ¥-10.00 | | | ¥-1.30 |
| 价税合计（大写） | | ⊗（负数）壹拾壹元叁角整 | | | | （小写）¥-11.30 | | | |
| 销售方 | 名称： | 海星机电有限责任公司 | | | | 备注 | | | |
| | 纳税人识别号： | 91370705M327926947 | | | | | | | |
| | 地址、电话 | 潍坊奎文区成玛路270号 17191183 | | | | | | | |
| | 开户行及账号 | 中国工商银行文化路支行4357031726593469635 | | | | | | | |

收款人：　　　复核：孙婉　　　开票人：张俊威　　　销售方：（章）

凭证 13-5-2

## 潍坊嘉华电子有限责任公司
## 材 料 入 库 单

发票号码：75542269　　　　　　　　　　　　　　　　　　　　编　号：7393203
供应单位：海星机电有限责任公司　　　2020年01月02日　　　收料仓库：原材料库

| 序号 | 名称 | 规格型号 | 单位 | 数量 | | 实际成本(元) | | | | |
| --- | --- | --- | --- | --- | --- | --- | --- | --- | --- | --- |
| | | | | | | 买价 | | 运杂费 | 合计 | 单位成本 |
| | | | | 应收 | 实收 | 单价 | 金额 | | | |
| 1 | 塑壳 | AD822 | 只 | -100 | -100 | | | | | |
| | | | | | | | | | | |
| | | | | | | | | | | |
| | 合 计 | | | -100 | -100 | | | | | |

采购员　赵 红　　　　　记账　王 芸　　　　　检验员　温 暖　　　　　制表　孟红伟

---

凭证 13-5-3

## 潍坊嘉华电子有限责任公司
## 收 款 收 据

№:0000001

2020 年01月02日

今收到　　　海星机电有限责任公司

交　来　　　退货款　　　　　　　　　　现金收讫

金额（大写）　零佰零拾零万零仟零佰壹拾壹元叁角零分

¥ 11.30 元　　　　　　　　　　　收款单位（公章）

核准　刘 岚　　　会计　王 芸　　　出纳　洪 丽　　　经办人：

第三联　记账

凭证13-6-1

## 潍坊嘉华电子有限责任公司
### 出 库 单

No. 42867706

购货单位：顺达机电公司　　　　2020年01月02日

| 编号 | 商品名称及规格 | 单位 | 数量 | 备注 |
|------|----------------|------|--------|------|
| 1    | 传声器          | 件   | 30 000 |      |
|      |                |      |        |      |
|      |                |      |        |      |
|      |                |      |        |      |

第二联 记账联

保管员：严 谨　　　记账：王 芸　　　制表：孟红伟

---

凭证13-6-2

山东增值税专用发票　No 18898971

3700201130

开票日期：2020年01月02日

| 购买方 | 名称： | 顺达机电公司 |
| | 纳税人识别号： | 91370702M303069574 |
| | 地址、电话： | 潍坊潍城区诺阳路628号61081692 |
| | 开户行及账号： | 中国银行潍坊市青年路支行8745082583173947553 |

密码区：393*-863822/508/6<<13-+37>3
<716428*<5++5-*8<5*80-7-+9
8885*04197/<*989>4-28-*<*7-
35-//4/3147**60/>*608+-+36-

| 货物或应税劳务、服务名称 | 规格型号 | 单位 | 数量 | 单价 | 金额 | 税率 | 税额 |
|---|---|---|---|---|---|---|---|
| *电声器件*传声器 | | 件 | 30000 | 7.00 | 210000.00 | 13% | 27300.00 |
| 合计 | | | | | ¥210000.00 | | ¥27300.00 |

价税合计（大写）： 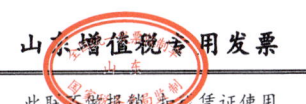 贰拾叁万柒仟叁佰元整　　（小写）¥237300.00

| 销售方 | 名称： | 潍坊嘉华电子有限责任公司 |
| | 纳税人识别号： | 91370702M944328289 |
| | 地址、电话： | 青年路787号78830418 |
| | 开户行及账号： | 中国银行潍坊市青年路支行9420964141366049011 |

备注：

收款人：　　复核：王芸　　开票人：洪丽　　销售方：（章）

第一联：记账联　销售方记账凭证

凭证 13-6-3

## 中国银行 委托收款凭证（回单）

委托日期　2020年01月02日

| 业务类型 | | 委托收款（邮划 ☐ 电划 ☐） | | | 托收承付（邮划 ☐ 电划 ☐） | | |
|---|---|---|---|---|---|---|---|
| 付款人 | 全 称 | 顺达机电公司 | | 收款人 | 全 称 | 潍坊嘉华电子有限责任公司 | |
| | 账 号 | 8745082583173947553 | | | 账 号 | 9420964141366049011 | |
| | 地 址 | 山东省潍坊市 | 开户行 | 中行青年路支行 | 地 址 | 山东省潍坊市 | 开户行　中行青年路支行 |
| 托收金额 | 人民币（大写） | 贰拾叁万柒仟叁佰元整 | | | 千百十万千百十元角分　¥ 2 3 7 3 0 0 0 0 | | |
| 款项内容 | 货款 | 委托收款凭据名称 | 购销合同 | 附寄单证张数 | | 2 | |
| 商品发运情况 | | 已发运 | | 合同名称号码 | | 202001115 | |
| 备注： | | 款项收妥日期 | | 收款人开户银行签章： | | | |
| 复核： | | 记账： | | 2020年01月02日 | | | 2020年01月02日 |

此联是收款人开户银行给收款人的回单

---

凭证 13-7-1

## 潍坊嘉华电子有限责任公司
## 付款申请单

申请日期：2020年01月03日

| 申请部门 | 行政部 | 申请人 | 李春 |
|---|---|---|---|
| 申请事由 | 预付电信费用 | | |
| 收款单位 | 潍坊电信公司 | 收款人 | 潍坊电信公司 |
| 申请付款金额 | ¥2 500.00 | 人民币（大写） | 贰仟伍佰元整 |
| 付款方式 | 网银 | | |
| 备注 | | | |

主管领导：雷 鸣　　　　财务负责人：刘 岚

凭证 13-7-2

## 中国银行 BANK OF CHINA 国内支付业务付款回单

| | |
|---|---|
| 客户号：66570889 | 日期：2020年01月03日 |
| 付款人账号：9420964141366049011 | 收款人账号：2611599664700201511 |
| 付款人名称：潍坊嘉华电子有限责任公司 | 收款人名称：潍坊电信公司 |
| 付款人开户行：中国银行潍坊市青年路支行 | 收款人开户行：工行潍坊市格文路支行 |
| 金额：CNY2,500.00 | |
| 人民币贰仟伍佰元整 | |

| | |
|---|---|
| 报文种类：beps.121.001.01-客户发起普通贷记业务报文 | |
| 业务类型：A100-普通汇兑 | 收支申报号： |
| 业务标识号：2020010321026657 | 业务编号：BNET 5600024770602125/000000000000 |
| 发起行行号：106362005126 | 接收行行号：102620897821 |
| 发起行名称：中国银行潍坊市青年路支行 | 接收行名称：工行潍坊市格文路支行 |
| 扣账账号：9420964141366049011 | 扣账户名：潍坊嘉华电子有限责任公司 |
| 用途：支付电话费 | |
| 附言： | |

普通汇款业务不保证实时到账。该回单只能作为汇出银行受理汇款的依据，不能作为该笔汇款已入收款人账户的证明。

| 交易机构：10630 | 交易渠道：网上银行 | 交易流水号：1712513675326754 | 经办： |
|---|---|---|---|
| 回单编号：2020010343360215 | 回单验证码：542K3XJZDATW | 打印时间： | 打印次数： 次 |

---

凭证 13-8-1

山东增值税专用发票

3700201130　　　　　　　　　　　　　　No 76610652

此联不作报销、扣税凭证使用

3700201130
76610652

开票日期：2020年01月03日

密码区：
9739/5-63151>9<28<4>526873
6>>-+85***33/>2<410-/2>>084
35/+/141937*/28+87-95><64++
62>114110>2/818*4>2*30>37<2

| 购买方 | 名　称：鸿运有限责任公司 |
| | 纳税人识别号：91370705M721749541 |
| | 地址、电话：潍坊奎文区圣彩路573号 57573444 |
| | 开户行及账号：中行文化路支行7395267766185501099 |

| 货物或应税劳务、服务名称 | 规格型号 | 单位 | 数量 | 单价 | 金额 | 税率 | 税额 |
|---|---|---|---|---|---|---|---|
| *电声器件*传感器 | | 件 | -50 | 10.00 | -500.00 | 13% | -65.00 |
| 合计 | | | | | ¥-500.00 | | ¥-65.00 |

价税合计（大写）　⊗（负数）伍佰陆拾伍元整　　（小写）¥ -565.00

| 销售方 | 名　称：潍坊嘉华电子有限责任公司 |
| | 纳税人识别号：91370702M944328289 |
| | 地址、电话：青年路787号 78830418 |
| | 开户行及账号：中国银行潍坊市青年路支行9420964141366049011 |

备注：

收款人：　　　　复核：王芸　　　　开票人：洪丽　　　　销售方：（章）

第一联：记账联　销售方记账凭证

凭证13-8-2

## 潍坊嘉华电子有限责任公司
## 出 库 单

No.42867707

购货单位：鸿运有限责任公司　　　　2020年01月03日

| 编号 | 商品名称及规格 | 单位 | 数量 | 备注 |
|---|---|---|---|---|
| 1 | 传声器 | 件 | -50 | 销售退货 |
|  |  |  |  |  |
|  |  |  |  |  |
|  |  |  |  |  |

保管员：　严　谨　　　　记账：　王　芸　　　　制表：　孟红伟

第二联　记账联

---

凭证13-8-3

## 潍坊嘉华电子有限责任公司
## 付款申请单

申请日期：2020年01月03日

| 申请部门 | 销售机构 | 申请人 | 范畅销 |
|---|---|---|---|
| 申请事由 | 销售退货款 |  |  |
| 收款单位 | 鸿运有限责任公司 | 收款人 | 朱少军 |
| 申请付款金额 | ¥565.00 | 人民币（大写） | 伍佰陆拾伍元整 |
| 付款方式 | 转账支票 |  |  |
| 备注 |  |  |  |

主管领导：　雷　鸣　　　　财务负责人：　刘　岚

凭证13-8-4

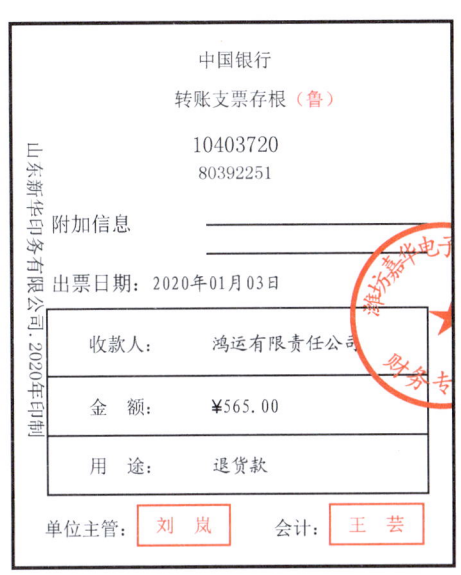

凭证13-9-1

## 潍坊嘉华电子有限责任公司
## 职工房屋租赁费计提表

2020年01月04日　　　　　　　　　　单位：元

| 部门 | 房屋租赁费 | 合计 | 备注 |
|---|---|---|---|
| 管理部门 | 3 000.00 | 3 000.00 | 高级管理人员，按月计提，按季度预付 |
|  |  |  |  |
|  |  |  |  |
|  |  |  |  |
|  |  |  |  |
| 合计 | 3 000.00 | 3 000.00 |  |

审核：刘岚　　　　　　　　　　制表：王芸

凭证 13-10-1

## 潍坊嘉华电子有限责任公司
## 付款申请单

申请日期：2020年01月05日

| 申请部门 | 行政部 | 申请人 | 李春 |
|---|---|---|---|
| 申请事由 | 预付1~3月房屋租赁费 | | |
| 收款单位 | 白领公寓物业 | 收款人 | 孙兵 |
| 申请付款金额 | ¥9 000.00 | 人民币（大写） | 玖仟元整 |
| 付款方式 | 转账支票 | | |
| 备注 | | | |

主管领导： 雷鸣　　　　　　　　　财务负责人： 刘岚

凭证 13-10-2

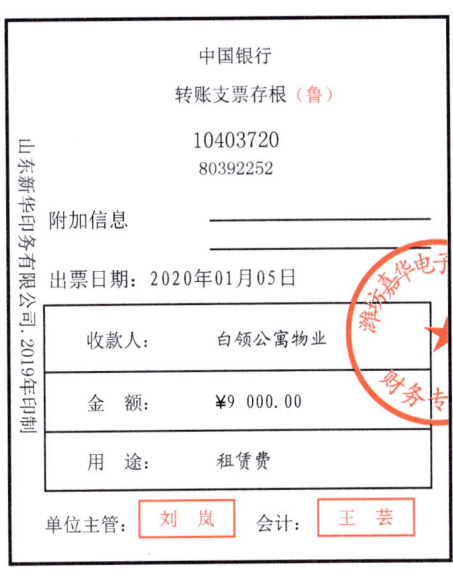

凭证13-11-1

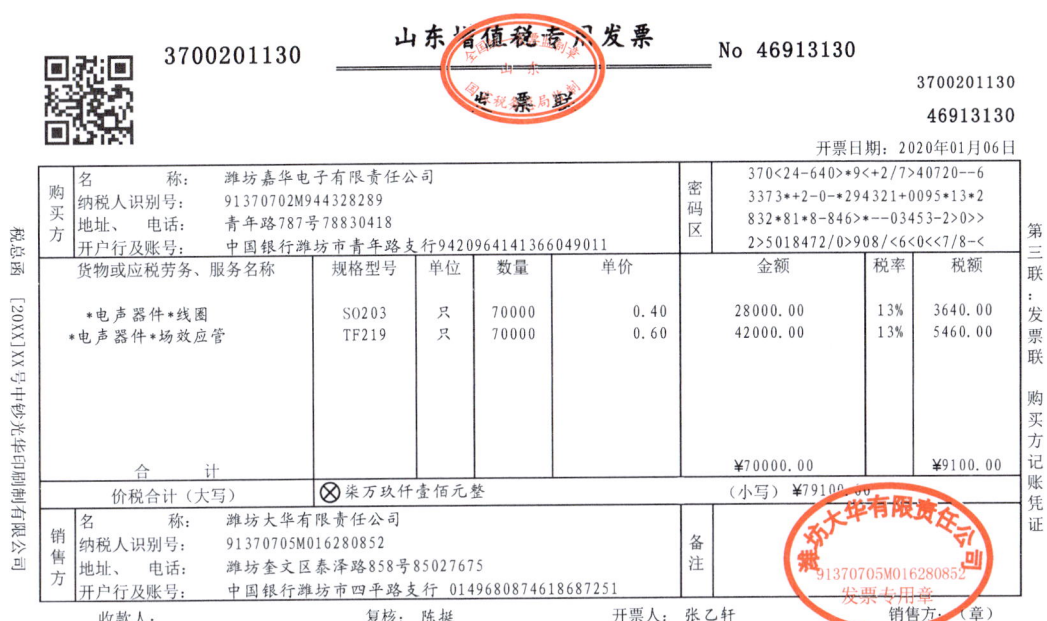

凭证13-11-2

## 潍坊嘉华电子有限责任公司
## 材料入库单

发票号码：37469131　　　　　　　　　　　2020年01月06日　　　　　　　编　号：7393204
供应单位：潍坊大华有限责任公司　　　　　　　　　　　　　　　　　　收料仓库：原材料库

| 序号 | 名称 | 规格型号 | 单位 | 数量 | | 实际成本(元) | | | | |
| | | | | 应收 | 实收 | 买价 | | 运杂费 | 合计 | 单位成本 |
| | | | | | | 单价 | 金额 | | | |
|---|---|---|---|---|---|---|---|---|---|---|
| 1 | 线圈 | S0203 | 只 | 70 000 | 70 000 | 0.40 | 28 000.00 | | 28 000.00 | 0.40 |
| 2 | 场效应管 | TF219 | 只 | 70 000 | 70 000 | 0.60 | 42 000.00 | | 42 000.00 | 0.60 |
| | 合　计 | | | 140 000 | 140 000 | | | | | |

采购员：赵红　　　　记账：王芸　　　　检验员：温暖　　　　制表：孟红伟

凭证 13-12-1

# 潍坊嘉华电子有限责任公司
# 付款申请单

申请日期：2020年01月07日

| 申请部门 | 行政部 | 申请人 | 李春 |
|---|---|---|---|
| 申请事由 | 购买复印纸 | | |
| 收款单位 | 潍坊星光文具店 | 收款人 | 吴娟 |
| 申请付款金额 | ¥1 356.00 | 人民币（大写） | 壹仟叁佰伍拾陆元整 |
| 付款方式 | 转账支票 | | |
| 备注 | | | |

主管领导：雷 鸣　　　　　财务负责人：刘 岚

凭证 13-12-2

中国银行

转账支票存根（鲁）

10403720
80392253

附加信息 _____

出票日期：2020年01月07日

| 收款人： | 潍坊星光文具店 |
| 金　额： | ¥1 356.00 |
| 用　途： | 货款 |

单位主管：刘 岚　　会计：王 芸

凭证 13-12-3

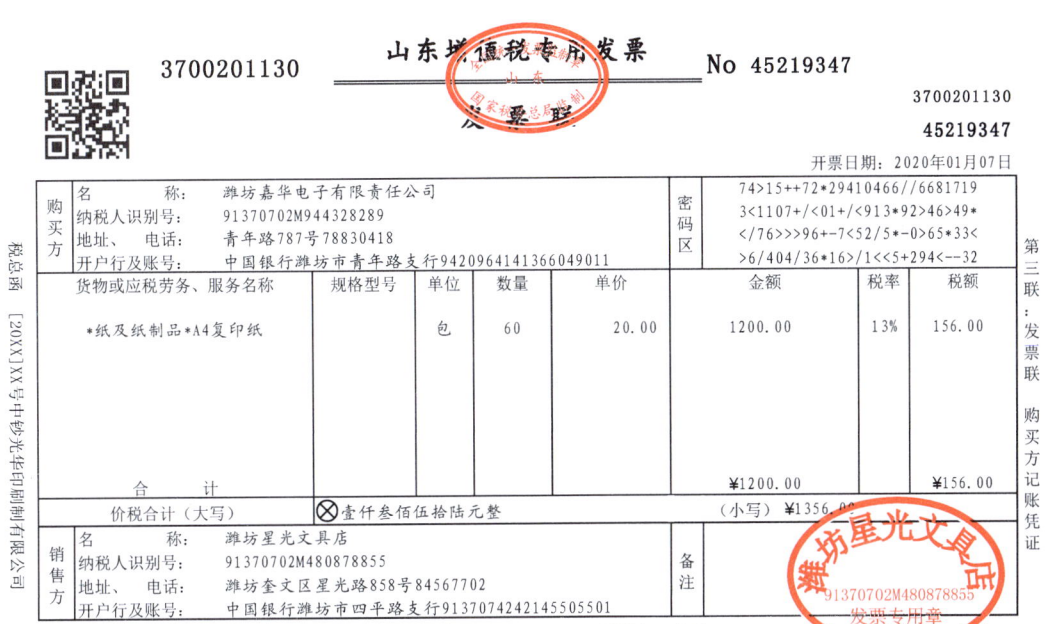

凭证 13-12-4

## 潍坊嘉华电子有限责任公司
## 办公用品领用签收表

2020年01月07日

| 品名 | 计量单位 | 数量 | 部门 | 签收人 |
|---|---|---|---|---|
| A4复印纸 | 包 | 10 | 生产部 | *** |
| A4复印纸 | 包 | 20 | 办公室 | *** |
| A4复印纸 | 包 | 10 | 销售机构 | *** |
| A4复印纸 | 包 | 10 | 财务部 | *** |
| A4复印纸 | 包 | 10 | 采购部 | *** |
|  |  |  |  |  |
|  |  |  |  |  |

经手人： 于力健　　　　　　保管员： 温　暖

凭证 13-13-1

# 潍坊嘉华电子有限责任公司
## 借 款 单
2020年01月08日

| 借款人 | 办公室　刘军 | | |
|---|---|---|---|
| 借款事由 | 出差借款 | | |
| 借款数额 | ¥2 000.00 | 人民币（大写） | 贰仟元整 |
| 借款时间 | 2020年01月08日 | 还款时间 | |
| 还款方式 | 差旅报销凭证 | | |
| 领导核批　雷鸣 | 会计主管人员核批　刘岚 | 付款记录　现金付讫 | 借款人　刘军 |

凭证 13-14-1

# 潍坊嘉华电子有限责任公司
## 工 资 结 算 表
2020年01月　　　　　　　　　　　　　　　　单位：元

| 姓名 | 属性 | 基本工资 | 补贴 | 奖金 | 应发工资 | 代扣款项 | 实发工资 |
|---|---|---|---|---|---|---|---|
| 王蒙 | 工人 | 1 600.00 | 800.00 | 300.00 | 2 700.00 | 573.00 | 2 700.00 |
| 李方 | 工人 | 1 700.00 | 800.00 | 400.00 | 2 900.00 | 562.00 | 2 900.00 |
| …… | …… | …… | …… | …… | …… | …… | …… |
| 夏阳 | 管理 | 2 000.00 | 900.00 | 300.00 | 3 200.00 | 591.00 | 3 200.00 |
| …… | …… | …… | …… | …… | …… | …… | …… |
| 生产车间合计 | | 78 607.08 | 18 200.00 | 9 100.00 | 105 907.08 | 29 295.96 | 76 611.12 |
| 刘永 | 管理 | 2 200.00 | 1 000.00 | 500.00 | 3 700.00 | 602.00 | 3 700.00 |
| …… | …… | …… | …… | …… | …… | …… | …… |
| 行政管理部门合计 | | 22 300.00 | 12 353.00 | 7 437.00 | 42 090.00 | 7 568.19 | 34 521.81 |
| 张力 | 销售 | 1 900.00 | 900.00 | 600.00 | 3 400.00 | 712.00 | 3 400.00 |
| …… | …… | …… | …… | …… | …… | …… | …… |
| 销售机构合计 | | 29 328.00 | 17 625.00 | 8 621.00 | 55 574.00 | 4 867.93 | 50 706.07 |
| 总计 | | 130 235.08 | 48 178.00 | 25 158.00 | 203 571.08 | 41 732.08 | 161 839.00 |

审核人：刘岚　　　　　　　　　　　　制表人：李洁

凭证 13-14-2

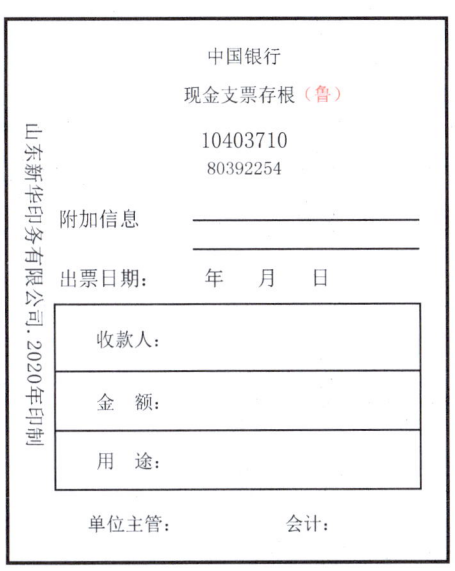

凭证 13-14-3

## 潍坊嘉华电子有限责任公司
## 代扣款项结转表

年　　月　　日　　　　　　　　　　　　　　　　　　单位：元

| 项目<br>部门 | 工资总额 | 医疗保险<br>（2%） | 养老保险<br>（8%） | 失业保险<br>（0.3%） | 社保小计 | 住房公积金<br>（10%） | 个人所得税 |
|---|---|---|---|---|---|---|---|
| 生产车间 | | | | | | | 53.80 |
| 管理部门 | | | | | | | 213.12 |
| 销售机构 | | | | | | | 140.23 |
| 合计 | | | | | 20 967.82 | 20 357.11 | 407.15 |

会计主管：刘岚　　　　审核：刘岚　　　　制表：李洁

凭证13-15-1

## 中 华 人 民 共 和 国
## 税收电子转账专用完税凭证

（2020）鲁国税 （第16号）

填发日期： 2020 年 01 月 10 日

| 税务登记代码 | 91370702M944328289 | | 征收机关 | 潍坊市国家税务局潍城分局 |
|---|---|---|---|---|
| 纳税人全称 | 潍坊嘉华电子有限责任公司 | | 收款银行<br>（邮局） | 中国银行潍坊市青年路支行 |
| 税（费）种 | | 税款所属时期 | | 实 缴 金 额 |
| 增值税（13%） | | 2019.12.01至2019.12.31 | | 18 264.01 |
| 城市维护建设税（7%） | | 2019.12.01至2019.12.31 | | 1 278.48 |
| 教育费附加（5%） | | 2019.12.01至2019.12.31 | | 547.92 |
| 企业所得税（25%） | | 2019.01.01至2019.12.31 | | 35 201.56 |
| 金额合计 | （大写）伍万伍仟贰佰玖拾壹元玖角柒分 | | | |
| 税务机关<br>（盖章） | | 备注 | 上列款项已申办划款<br>收款单位及国库（银行）盖章 | |

电脑打印　　手写无效

---

凭证13-16-1（注：相关原始凭证省略）

## 潍坊嘉华电子有限责任公司
## 差 旅 报 销 单

报销部门： 办公室　　　　2020年 01 月 11 日　　　　附件共 7 张

| 姓　　名 | | | 刘军 | | 出差事由 | | | 参加培训课程 | |
|---|---|---|---|---|---|---|---|---|---|
| 出差起止日期自 2020 年 01 月 08 日 起 至 2020 年 01 月 11 日止共 4 天 | | | | | | | | | |
| 日期 | | 起讫地点 | 天数 | 机票费 | 车船费 | 市内交通费 | 住宿费 | 餐饮费 | 其他 | 小计 |
| 月 | 日 | | | | | | | | | |
| 01 | 08-11 | 潍坊-北京 | 4 | | 518.00 | 62.00 | 600.00 | 220.00 | 400.00 | 1 800.00 |
| | | | | | | | | | 合计 | 1 800.00 |
| 总计金额（大写） | | 人民币壹仟捌佰元整 | | | 预支 | 2 000.00元 | 退款 | | 200.00元 | |

财务主管 刘岚　　出纳 洪丽　　复核 刘岚　　　　　　　报销人：刘军

凭证 13-17-1

山东增值税专用发票　No 37040791

3700201130
37040791

开票日期：2020年01月12日

| 购买方 | 名　　　称： | 潍坊嘉华电子有限责任公司 | 密码区 | -4+4/-78845//660*3>3/-8078-<br>6/33+710*+/634+614>4-36<-><br>664/7-1*0101981/*8886*>0*71<br>1/*86-*3>01/7->4>76-*1+339< |
|---|---|---|---|---|
| | 纳税人识别号： | 91370702M944328289 | | |
| | 地址、电话： | 青年路787号 78830418 | | |
| | 开户行及账号： | 中国银行潍坊市青年路支行9420964141366049011 | | |

| 货物或应税劳务、服务名称 | 规格型号 | 单位 | 数量 | 单价 | 金额 | 税率 | 税额 |
|---|---|---|---|---|---|---|---|
| *金属切削工具*切割机 | | 台 | 1 | 135000.00 | 135000.00 | 13% | 17550.00 |
| 合计 | | | | | ¥135000.00 | | ¥17550.00 |

价税合计（大写）　⊗壹拾伍万贰仟伍佰伍拾元整　（小写）¥152550.00

| 销售方 | 名　　　称： | 佳通机电有限责任公司 | 备注 | |
|---|---|---|---|---|
| | 纳税人识别号： | 91370303M576712152 | | |
| | 地址、电话： | 淄博张店区佳志路428号 32060805 | | |
| | 开户行及账号： | 中国农业银行张店区支行6744993874992191507 | | |

收款人：　　　复核：张俊威　　　开票人：高凯心　　　销售方：（章）

---

凭证 13-17-2

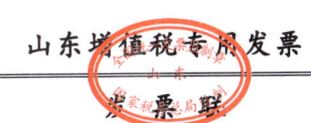

山东增值税专用发票　No 31036504

3700201130
31036504

开票日期：2020年01月12日

| 购买方 | 名　　　称： | 潍坊嘉华电子有限责任公司 | 密码区 | /634+614>4-36<-->-4+4/-7887<br>6/33+710*+/634+614>4-36<-><br>664-4/-788451/*8886*>0*71<br>>4>76-*1+339<1/*86-*3>01/7- |
|---|---|---|---|---|
| | 纳税人识别号： | 91370702M944328289 | | |
| | 地址、电话： | 青年路787号 78830418 | | |
| | 开户行及账号： | 中国银行潍坊市青年路支行9420964141366049011 | | |

| 货物或应税劳务、服务名称 | 规格型号 | 单位 | 数量 | 单价 | 金额 | 税率 | 税额 |
|---|---|---|---|---|---|---|---|
| *交通运输服务*运输费 | | | 1 | 1000.00 | 1000.00 | 9% | 90.00 |
| 合计 | | | | | ¥1000.00 | | ¥90.00 |

价税合计（大写）　⊗壹仟零玖拾元整　（小写）¥1090.00

| 销售方 | 名　　　称： | 潍坊速达运输有限责任公司 | 备注 | |
|---|---|---|---|---|
| | 纳税人识别号： | 91370700M622430658 | | |
| | 地址、电话： | 潍坊市鸿盈路564号 46642655 | | |
| | 开户行及账号： | 工行潍坊市盛和路支行7202187836414969726 | | |

收款人：　　　复核：罗明　　　开票人：何婵　　　销售方：（章）

凭证 13-17-3

##  中国银行 BANK OF CHINA    国内支付业务付款回单

| 客户号：66570889 | 日期：2020年01月12日 |
|---|---|
| 付款人账号：9420964141366049011 | 收款人账号：6744993874992191507 |
| 付款人名称：潍坊嘉华电子有限责任公司 | 收款人名称：佳通机电有限责任公司 |
| 付款人开户行：中国银行潍坊市青年路支行 | 收款人开户行：中国农业银行张店区支行 |
| 金额：CNY18,640.00 | |
| 人民币壹万捌仟陆佰肆拾元整 | |
| 报文种类：beps.121.001.01-客户发起普通贷记业务报文 | |
| 业务类型：A100-普通汇兑 | 收支申报号： |
| 业务标识号：2020011221024325 | 业务编号：BNET 5600024770602321/000000000000 |
| 发起行行号：106362005126 | 接收行行号：103896574301 |
| 发起行名称：中国银行潍坊市青年路支行 | 接收行名称：中国农业银行张店区支行 |
| 扣账账号：9420964141366049011 | 扣账户名：潍坊嘉华电子有限责任公司 |
| 用途：采购款 | |
| 附言： | |
| 普通汇款业务不保证实时到账。该回单只能作为汇出银行受理汇款的依据，不能作为该笔汇款已入收款人账户的证明。 | |
| 交易机构：10630 | 交易渠道：网上银行 | 交易流水号：2112513675326756 | 经办： |
| 回单编号：2020011243360343 | 回单验证码：432K3XJZDABW | 打印时间： | 打印次数：   次 |

（中国银行股份有限公司 潍坊市青年路支行 业务专用章 8DF6HC82 6698A3T5）

---

凭证 13-17-4

## 潍坊嘉华电子有限责任公司
## 固定资产验收单

2020 年 01 月 12 日

| 名称 | 规格型号 | 来源 | 数量 | 购（造）价 | 使用年限 | 预计残值 |
|---|---|---|---|---|---|---|
| 切割机 | | 外购 | 1 | 136 000.00 | 10 | 1 000.00 |
| 安装费 | 月折旧率 | 建造单位 | | 交工日期 | 附件 | |
| | | 佳通机电有限责任公司 | | | | |
| 验收部门 | | 验收人员 | | 管理部门 | | |
| 备注 | | | | | | |

审核   刘岚    制表   王芸

凭证 13-18-1

山东增值税普通发票　No 22770975

037002000104
22770975

开票日期：2020年01月13日

| 购买方 | 名　称： | 潍坊嘉华电子有限责任公司 | | | | 密码区 | 3-/5022<722/1<2--+4>99/-+1*<br>962***<*-*-0-/<71<24058+6<5-<br>8-36+**58>57-+830++32+360-*<br>90403/73<72><85<+2216>0*/-8 |
|---|---|---|---|---|---|---|---|
| | 纳税人识别号： | 91370702M944328289 | | | | | |
| | 地　址、电话： | 青年路787号 78830418 | | | | | |
| | 开户行及账号： | 中国银行潍坊市青年路支行9420964141366049011 | | | | | |

| 货物或应税劳务、服务名称 | 规格型号 | 单位 | 数量 | 单价 | 金额 | 税率 | 税额 |
|---|---|---|---|---|---|---|---|
| *餐饮服务*餐饮费 | | | 1 | 943.40 | 943.40 | 6% | 56.60 |
| | | | | | | | |
| | | | | | 现金收讫 | | |
| 合　计 | | | | | ￥943.40 | | ￥56.60 |
| 价税合计（大写） | ⊗ 壹仟元整 | | | | （小写）￥1000.00 | | |

| 销售方 | 名　称： | 潍坊翔日大酒店 | 备注 | |
|---|---|---|---|---|
| | 纳税人识别号： | 91370705M666580398 | | |
| | 地　址、电话： | 潍坊奎文区昂致路880号 14331550 | | |
| | 开户行及账号： | 工行潍坊奎文区奥丰路支行3929482233442109839 | | |

收款人：王丽娜　　复核：张竣威　　开票人：胡婉　　销售方：（章）

---

凭证 13-19-1

## 公共事业捐赠统一票据

捐赠人：潍坊嘉华电子有限责任公司　　2020年01月14日　　NO：781696

| 捐赠项目 | 实物（外币）种类 | 数量 | 金额 | | | | | | | | 备注 |
|---|---|---|---|---|---|---|---|---|---|---|---|
| | | | 十万 | 万 | 千 | 百 | 十 | 元 | 角 | 分 | |
| 捐款 | 人民币 | 1 | | | 5 | 0 | 0 | 0 | 0 | 0 | |
| | | | | | | | | | | | |
| | | | | | | | | | | | |
| | | | | | | | | | | | |
| | | | | | ￥ | 5 | 0 | 0 | 0 | 0 | 0 |
| 合计人民币（大写）伍仟元整 | | | | | | | | ￥5000.00 | | | |

接受单位（盖章）　　复核人：李萍　　开票人：刘宁

凭证 13-19-2

中国银行
转账支票存根（鲁）
10403720
80392255

附加信息 _____

出票日期：2020年01月14日

| 收款人： | 潍坊博爱基金会 |
| 金　额： | ￥5 000.00 |
| 用　途： | 捐款 |

单位主管 刘岚　　会计 王芸

山东新华印务有限公司 2020年印制

---

凭证 13-20-1

山东增值税普通发票

037002000104　　　　　　　　　　　　No 85032957

开票日期：2020年01月15日

密码区：197+02885//648--5*0144*<268/37/7+/381+4>56450><5161>7-7/61>->>0095<81>28*-8/+>0+14+25+<+>4>68166/03-5148/601

购买方：
名　称：潍坊嘉华电子有限责任公司
纳税人识别号：91370702M944328289
地址、电话：青年路787号 78830418
开户行及账号：中国银行潍坊市青年路支行9420964141366049011

| 货物或应税劳务、服务名称 | 规格型号 | 单位 | 数量 | 单价 | 金额 | 税率 | 税额 |
|---|---|---|---|---|---|---|---|
| *文化创意服务*广告费 | | | 1 | 1886.79 | 1886.79 | 6% | 113.21 |
| 合计 | | | | | ¥1886.79 | | ¥113.21 |

价税合计（大写）　⊗ 贰仟元整　　　　（小写）¥2000.00

销售方：
名　称：潍坊艾一广告有限公司
纳税人识别号：91370702M764225075
地址、电话：潍坊潍城区圣彩路978号 24216028
开户行及账号：工行潍坊潍城区金发路支行4906830000962045723

收款人：陈明　　复核：郭子涵　　开票人：林秀　　销售方：（章）

凭证13-20-2

## 中国银行 BANK OF CHINA　　国内支付业务付款回单

| 客户号：66570889 | 日期：2020年01月15日 |
|---|---|
| 付款人账号：9420964141366049011 | 收款人账号：4906830000962045723 |
| 付款人名称：潍坊嘉华电子有限责任公司 | 收款人名称：潍坊艾一广告有限公司 |
| 付款人开户行：中国银行潍坊市青年路支行 | 收款人开户行：工行潍坊潍城区金发路支行 |
| 金额：CNY2,000.00 | |
| 人民币贰仟元整 | |

报文种类：beps.121.001.01-客户发起普通贷记业务报文
业务类型：A100-普通汇兑　　　　　　　　收支申报号：
业务标识号：2020011521026321　　　　　业务编号：BNET 5600024770602032/000000000000
发起行行号：106362005126　　　　　　　接收行行号：102348900476
发起行名称：中国银行潍坊市青年路支行　接收行名称：工行潍坊潍城区金发路支行
扣账账号：9420964141366049011　　　　 扣账户名：潍坊嘉华电子有限责任公司
用途：支付广告费
附言：

普通汇款业务不保证实时到账。该回单只能作为汇出银行受理汇款的依据，不能作为该笔汇款已入收款人账户的证明。

交易机构：10630　　交易渠道：网上银行　　交易流水号：4112513675326743　　经办：

回单编号：2020011543360342　　回单验证码：642K3XJZDABS　　打印时间：　　打印次数：　次

---

凭证13-21-1

## 中国银行 BANK OF CHINA　　国内支付业务收款回单

| 客户号：66570889 | 日期：2020年01月19日 |
|---|---|
| 收款人账号：9420964141366049011 | 付款人账号：9811675899939157555 |
| 收款人名称：潍坊嘉华电子有限责任公司 | 付款人名称：共达公司 |
| 收款人开户行：中国银行潍坊市青年路支行 | 付款人开户行：工行潍坊市艾丰路支行 |
| 金额：CNY510,000.00 | |
| 人民币伍拾壹万元整 | |

报文种类：hvps.111.001.01-客户发起汇兑业务报文
业务类型：A100-普通汇兑　　　　　　　　收支申报号：
业务标识号：2020011921026213　　　　　业务编号：
发起行行号：102876321041　　　　　　　接收行行号：106362005126
发起行名称：工行潍坊市艾丰路支行　　　接收行名称：中国银行潍坊市青年路支行
入账账号：9420964141366049011　　　　 入账户名：潍坊嘉华电子有限责任公司
用途：货款
附言：

如您已通过银行网点取得相应纸质回单，请注意核对，勿重复记账！

交易机构：10630　　交易渠道：网上银行　　交易流水号：2145513675326789　　经办：

回单编号：2020011943360324　　回单验证码：242K3XJZDABK　　打印时间：　　打印次数：　次

凭证 13-22-1

## 山 东 省 社 会 保 险 基 金 专 用 票 据

2020年01月20日

缴款人：潍坊嘉华电子有限责任公司　　　经济类别：企业　　　No.A47634756

| 收费项目 | 起始年月 | 终止年月 | 人数 | 单位缴纳额（元） | 个人缴纳额（元） | 滞纳金（元） | 利息（元） | 合计（元） |
|---|---|---|---|---|---|---|---|---|
| 基本养老保险 | 2020.01 | 2020.01 | 200 | 36 642.79 | 16 285.69 | | | 52 928.48 |
| 失业保险 | 2020.01 | 2020.01 | 200 | 2 035.71 | 610.71 | | | 2 646.42 |
| 工伤保险 | 2020.01 | 2020.01 | 200 | 1 628.57 | 0 | | | 1 628.57 |
| | | | | | | | | |
| | | | | | | | | |
| 金额合计（大写）：伍万柒仟贰佰零叁元肆角柒分 | | | | | （小写）：¥57 203.47 | | | |

收款单位（盖章）：　　　财务复核人：　　　业务复核人：　刘 明

第三联 收据

---

凭证 13-22-2

## 山 东 省 社 会 保 险 基 金 专 用 票 据

2020年01月20日

缴款人：潍坊嘉华电子有限责任公司　　　经济类别：企业　　　No.A47803021

| 收费项目 | 起始年月 | 终止年月 | 人数 | 单位缴纳额（元） | 个人缴纳额（元） | 滞纳金（元） | 利息（元） | 合计（元） |
|---|---|---|---|---|---|---|---|---|
| 基本医疗保险 | 2020.01 | 2020.01 | 200 | 14 249.98 | 4 071.42 | | | 18 321.4 |
| 生育保险 | 2020.01 | 2020.01 | 200 | 2 035.71 | 0 | | | 2 035.71 |
| | | | | | | | | |
| | | | | | | | | |
| | | | | | | | | |
| 金额合计（大写）：贰万零叁佰伍拾柒元壹角壹分 | | | | | （小写）：¥20 357.11 | | | |

收款单位（盖章）：　　　财务复核人：　　　业务复核人：　刘 明　　　经办人：

第三联 收据

凭证13-22-3

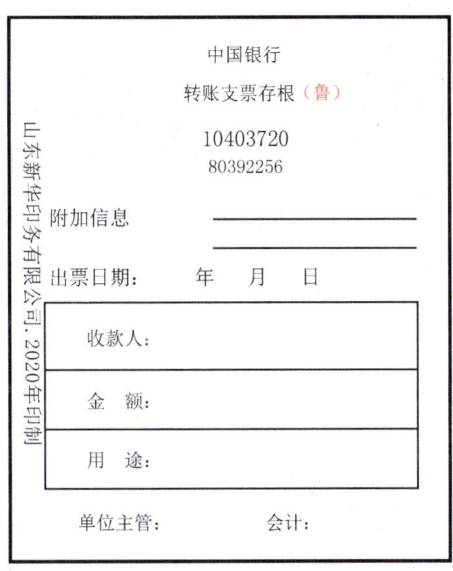

| 中国银行 |
| 转账支票存根（鲁） |
| 10403720 |
| 80392256 |

附加信息 _____

出票日期： 年 月 日

收款人：

金 额：

用 途：

单位主管： 会计：

凭证13-22-4

中国银行
转账支票存根（鲁）
10403720
80392257

附加信息 _____

出票日期： 年 月 日

收款人：

金 额：

用 途：

单位主管： 会计：

凭证13-22-5

## 潍坊市住房公积金汇（补）缴书

2020年1月20日

| 收款单位 | 潍坊市住房公积金管理中心 | | | | | 缴款单位 | 潍坊嘉华电子有限责任公司 | | |
|---|---|---|---|---|---|---|---|---|---|
| 账号 | | | | | | 单位账号 | 03823045 | | |
| 开户银行 | | | | | | 汇缴年月 | 2020年01月 | | |
| 缴存总金额 | ¥40 714.22 | | | | | （大写） | 肆万零柒佰壹拾肆元贰角贰分 | | |
| 上月汇缴 | | 本月增加汇缴 | | 本月减少汇缴 | | 基数调整 | | 本月汇缴 | |
| 人数 | 金额 | 人数 | 金额 | 人数 | 金额 | 金额 | | 人数 | 金额 |
| 200 | ¥40 714.22 | 0 | 0 | 0 | 0 | | | 200 | ¥40 714.22 |

录入： 复核： 记账： 经办： 张 晨

凭证13-22-6

中国银行
转账支票存根（鲁）
10403720
80392258

附加信息 _____

出票日期： 年 月 日

| 收款人： |
|---|
| 金 额： |
| 用 途： |

单位主管： 会计：

## 凭证13-22-7

### 中华人民共和国税收电子转账专用完税凭证

（2020）鲁国税 （第18号）

填发日期：2020年01月20日

| 税务登记代码 | 91370702M944328289 | 征收机关 | 潍坊市国家税务局潍城分局 |
|---|---|---|---|
| 纳税人全称 | 潍坊嘉华电子有限责任公司 | 收款银行（邮局） | 中国银行潍坊市青年路支行 |

| 税（费）种 | 税款所属时期 | 实缴金额 |
|---|---|---|
| 个人所得税 | 2019.12.01至2019.12.31 | 407.15 |

金额合计 （大写）肆佰零柒元壹角伍分

上列款项已收妥并划款收款单位账户国库（银行）

税务机关征税专用章（盖章）

备注：电脑打印 手写无效

## 凭证13-23-1

### 山东增值税专用发票

3700201130　No 44283951　3700201130 / 44283951

开票日期：2020年01月21日

| 购买方 | 名称： | 潍坊嘉华电子有限责任公司 | 密码区 | 172312-4-27584>3/-80787-1*0<br>5/660*364>4-36<-> -*8886+><br>/33+710++/634+61664/101981/<br>1/+86-*3>01/7->4>76-*1+339< |
|---|---|---|---|---|
| | 纳税人识别号： | 91370702M944328289 | | |
| | 地址、电话： | 青年路787号 78830418 | | |
| | 开户行及账号： | 中国银行潍坊市青年路支行9420964141366049011 | | |

| 货物或应税劳务、服务名称 | 规格型号 | 单位 | 数量 | 单价 | 金额 | 税率 | 税额 |
|---|---|---|---|---|---|---|---|
| *供电*电费 | | 度 | 2200 | 1.50 | 3300.00 | 13% | 429.00 |
| 合计 | | | | | ¥3300.00 | | ¥429.00 |

价税合计（大写） 叄仟柒佰贰拾玖元整 （小写）¥3729.00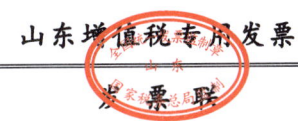

| 销售方 | 名称： | 潍坊市供电公司 | 备注 | |
|---|---|---|---|---|
| | 纳税人识别号： | 91370702M296543256 | | |
| | 地址、电话： | 山东省潍坊市 0536-88697342 | | |
| | 开户行及账号： | 交通银行和平支行62254562578 | | |

收款人： 复核：李子萌　开票人：高乐乐　销售方：（章）

凭证 13-23-2

## 中国银行  国内支付业务付款回单
BANK OF CHINA

| 客户号：66570889 | 日期：2020年01月21日 |
|---|---|
| 付款人账号：9420964141366049011 | 收款人账号：6225456257804321772 |
| 付款人名称：潍坊嘉华电子有限责任公司 | 收款人名称：潍坊市供电公司 |
| 付款人开户行：中国银行潍坊市青年路支行 | 收款人开户行：交通银行和平路支行 |
| 金额：CNY3,729.00 | |
| 人民币叁仟柒佰贰拾玖元整 | |
| 报文种类：beps.121.001.01-客户发起普通贷记业务报文 | |
| 业务类型：A100-普通汇兑 | 收支申报号： |
| 业务标识号：2020012121026141 | 业务编号：BNET 5600024770604416/000000000000 |
| 发起行行号：106362005126 | 接收行行号：108602166728 |
| 发起行名称：中国银行潍坊市青年路支行 | 接收行名称：交通银行和平路支行 |
| 扣账账号：9420964141366049011 | 扣账户名：潍坊嘉华电子有限责任公司 |
| 用途：支付电费 | |
| 附言： | |

普通汇款业务不保证实时到账。该回单只能作为汇出银行受理汇款的依据，不能作为该笔汇款已入收款人账户的证明。

| 交易机构：10630 | 交易渠道：网上银行 | 交易流水号：3412513675326732 | 经办： |
|---|---|---|---|
| 回单编号：2020012143360214 | 回单验证码：342K3XJZDABD | 打印时间： | 打印次数：次 |

（中国银行股份有限公司 潍坊市青年路支行 业务专用章 8DF6HC82 6698A3T5）

凭证 13-23-3

# 潍坊嘉华电子有限责任公司
# 电费分配表

2020年01月21日

| 序号 | 部门 | 金额（元） | 备注 |
|---|---|---|---|
| 1 | 生产部门 | 3 000.00 | |
| 2 | 管理部门 | 200.00 | |
| 3 | 销售机构 | 100.00 | |
| | | | |
| | 合计 | 3 300.00 | |

审核： 刘 岚　　　　　　　制表： 王 芸

凭证13-24-1

3700201130　　　　山东增值税专用发票　　No 22770975

发票联

3700201130
22770975

开票日期：2020年01月22日

| 购买方 | 名　　称： | 潍坊嘉华电子有限责任公司 | | | | 密码区 | 34-63410>2//092<278+7++*30/<br>40/30004/5*961*<<*330-*+<5><br>300372>013-00+6+7/56>*0+155<br>6+49<<6<+//359-9-4-6<-<173/ | | |
| --- | --- | --- | --- | --- | --- | --- | --- | --- | --- |
| | 纳税人识别号： | 91370702M944328289 | | | | | | | |
| | 地址、电话： | 青年路787号78830418 | | | | | | | |
| | 开户行及账号： | 中国银行潍坊市青年路支行9420964141366049011 | | | | | | | |
| 货物或应税劳务、服务名称 | 规格型号 | 单位 | 数量 | 单价 | | 金额 | | 税率 | 税额 |
| *水冰雪*非居民生活用水 | 生产 | 吨 | 200 | 3.50 | | 700.00 | | 9% | 63.00 |
| 合计 | | | | | | ¥700.00 | | | ¥63.00 |
| 价税合计（大写） | ⊗ 柒佰陆拾叁元整 | | | | | （小写）¥763.00 | | | |
| 销售方 | 名　　称： | 潍坊自来水公司 | | | | 备注 | | | |
| | 纳税人识别号： | 91370702M148432347 | | | | | | | |
| | 地址、电话： | 潍坊潍城区晟为路991号99231824 | | | | | | | |
| | 开户行及账号： | 工行潍坊潍城区格丹路支行6199610219512119527 | | | | | | | |
| 收款人：高凯新 | | 复核：张明成 | | | | 开票人：刘娜 | | | |

---

凭证13-24-2

 中国银行　BANK OF CHINA

**国内支付业务付款回单**

客户号：66570889　　　　　　　　　　　　日期：2020年01月22日

| 付款人账号：9420964141366049011 | 收款人账号：6199610219512119527 |
| --- | --- |
| 付款人名称：潍坊嘉华电子有限责任公司 | 收款人名称：潍坊自来水公司 |
| 付款人开户行：中国银行潍坊市青年路支行 | 收款人开户行：工行潍坊潍城区格丹路支行 |
| 金额：CNY763.00 | |
| 人民币柒佰陆拾叁元整 | |

| 报文种类：beps.121.001.01-客户发起普通贷记业务报文 | |
| --- | --- |
| 业务类型：A100-普通汇兑 | 收支申报号： |
| 业务标识号：2020012221026141 | 业务编号：BNET 5600024770604432/000000000000 |
| 发起行行号：106362005126 | 接收行行号：106602166543 |
| 发起行名称：中国银行潍坊市青年路支行 | 接收行名称：工行潍坊潍城区格丹路支行 |
| 扣账账号：9420964141366049011 | 扣账户名：潍坊嘉华电子有限责任公司 |
| 用途：支付水费 | |
| 附言： | |
| 普通汇款业务不保证实时到账。该回单只能作为汇出银行受理汇款的依据，不能作为该笔汇款已入账（收讫）的证明。 | |
| 交易机构：10630　　交易渠道：网上银行　　交易流水号：1312513675326732 | |
| 回单编号：2020012243360232　　回单验证码：421K3XJZDCAQ　　打印时间：　　打印次数：　　次 | |

凭证13-24-3

## 潍坊嘉华电子有限责任公司
## 水费分配表

2020年01月22日

| 序号 | 部门 | 金额（元） | 备注 |
|---|---|---|---|
| 1 | 生产部门 | 500.00 | |
| 2 | 管理部门 | 100.00 | |
| 3 | 销售机构 | 100.00 | |
| | | | |
| | 合计 | 700.00 | |

审核：刘岚　　　　　　制表：王芸

---

凭证13-25-1

## 潍坊嘉华电子有限责任公司
## 领　料　单

领料部门：生产车间　　　　　　　2020年01月23日　　第　139　号

| 编号 | 名称 | 规格 | 数量 | 单价 | 金额 ||||||||| 备注 |
| | | | | | 十 | 万 | 千 | 百 | 十 | 元 | 角 | 分 | |
|---|---|---|---|---|---|---|---|---|---|---|---|---|---|
| 1 | 线圈 | SO203 | 50 000 | 0.4 | | 2 | 0 | 0 | 0 | 0 | 0 | 0 | 生产传声器 |
| 2 | 放大器 | AD822 | 50 000 | 1.8 | | 9 | 0 | 0 | 0 | 0 | 0 | 0 | 生产传声器 |
| 3 | 场效应管 | TF219 | 50 000 | 0.6 | | 3 | 0 | 0 | 0 | 0 | 0 | 0 | 生产传声器 |
| 4 | 塑壳 | SC408 | 50 000 | 0.1 | | | 5 | 0 | 0 | 0 | 0 | 0 | 生产传声器 |
| | | | | | | | | | | | | | |
| | | | | | | | | | | | | | |

合计人民币（大写）壹拾肆万伍仟元整　　　　　　　　　　¥145 000.00

记账：王芸　　　复核：温暖　　　领料：王春阳　　　制表：孟红伟

凭证13-25-2

## 潍坊嘉华电子有限责任公司
### 领 料 单

领料部门：生产车间　　　　　　　　　　　　　　2020年 01 月 23 日　　　第 140 号

| 编号 | 名称 | 规格 | 数量 | 单价 | 金额 十万 | 万 | 千 | 百 | 十 | 元 | 角 | 分 | 备注 |
|---|---|---|---|---|---|---|---|---|---|---|---|---|---|
| 1 | 线圈 | SO203 | 50 000 | 0.4 | | 2 | 0 | 0 | 0 | 0 | 0 | 0 | 生产传感器 |
| 2 | 放大器 | AD822 | 50 000 | 1.8 | | 9 | 0 | 0 | 0 | 0 | 0 | 0 | 生产传感器 |
| 3 | 场效应管 | TF219 | 50 000 | 0.6 | | 3 | 0 | 0 | 0 | 0 | 0 | 0 | 生产传感器 |
| 4 | 塑壳 | SC408 | 50 000 | 0.1 | | | 5 | 0 | 0 | 0 | 0 | 0 | 生产传感器 |
| | | | | | | | | | | | | | |
| | | | | | | | | | | | | | |

合计人民币（大写）壹拾肆万伍仟元整　　　　　　　　　￥145 000.00

记账： 王 芸　　　复核： 温 暖　　　领料： 王春阳　　　制表： 孟红伟

---

凭证13-26-1

## 潍坊嘉华电子有限责任公司
### 工资费用分配汇总表

| | | | |
|---|---|---|---|
| | | | |
| | | | |
| | | | |
| | | | |
| | | | |
| | | | |
| | | | |

　　　　　　　　刘 岚　　　　　　　李 洁

凭证 13-27-1

## 潍坊嘉华电子有限责任公司
## "五险一金"计算分配表

年　　月　　日　　　　　　　　　　　　　　　　单位：元

| 部门 | 项目 | 工资总额 | 养老保险（18%） | 医疗保险（7%） | 失业保险（1%） | 工伤保险（0.8%） | 生育保险（1%） | 小计 | 住房公积金（10%） | 合计 |
|---|---|---|---|---|---|---|---|---|---|---|
| 生产车间 | 传感器工人 | | | | | | | | | |
| | 传声器工人 | | | | | | | | | |
| | 车间管理人员 | | | | | | | | | |
| 管理部门 | | | | | | | | | | |
| 销售机构 | | | | | | | | | | |
| 合计 | | | | | | | | | | |

审核：　　　　　　　　　　　制表：

凭证 13-28-1

## 潍坊嘉华电子有限责任公司工会、
## 职工教育经费计算分配表

年　　月　　日　　　　　　　　单位：元

| 部门 | 项目 | 工资总额 | 工会经费（2%） | 职工教育经费（8%） | 合计 |
|---|---|---|---|---|---|
| 生产车间 | 传感器工人 | | | | |
| | 传声器工人 | | | | |
| | 车间管理人员 | | | | |
| 管理部门 | | | | | |
| 销售机构 | | | | | |
| 合计 | | | | | |

审核：　　　　　　　　　制表：

凭证13-29-1

## 潍坊嘉华电子有限责任公司
## 固定资产折旧计算表

　　年　月　日

| 使用部门 | 项目 | 原值 | 预计净残值率 | 可使用年限 | 折旧方法 | 月折旧额 |
|---|---|---|---|---|---|---|
| 生产车间 | | | | | | |
| 管理部门 | | | | | | |
| 销售机构 | | | | | | |
| 合计 | | | | | | |

审核：　　　　　　　　　　　　　　　制表：

凭证13-30-1

## 潍坊嘉华电子有限责任公司
## 无形资产摊销计算表

　　年　月　日

| 项目 | 计算基数 | 摊销期 | 月摊销额 |
|---|---|---|---|
| | | | |
| | | | |
| | | | |
| | | | |
| | | | |

审核：　　　　　　　　　　　　　　　制表：

凭证 13-31-1

## 潍坊嘉华电子有限责任公司
## 本月应付利息计算表

付息单位：潍坊嘉华电子有限责任公司　　　　　　日期：　2020年01月31日

| 序号 | 起讫期 | 借款种类 | 计息基数 | 利率 | 应付利息（元） |
|---|---|---|---|---|---|
|  |  |  |  |  |  |
|  |  |  |  |  |  |
|  | 合计 |  | — | — |  |

审核：　　　　　　　　　　　　　　制表：

---

凭证 13-32-1

## 潍坊嘉华电子有限责任公司
## 制造费用分配表

车间：　　　　　　　　　年　月　日　　　　　　金额单位：元

| 产品名称 | 分配标准（生产工时） | 分配标准之和 | 分配总额 | 分配率 | 分配金额 |
|---|---|---|---|---|---|
| 传感器 |  |  |  |  |  |
| 传声器 |  |  |  |  |  |
|  |  | 合计 |  |  |  |

制表：　　　　　　　　　　　　　　审核：

凭证13-33-1

## 潍坊嘉华电子有限责任公司
## 完工产品成本计算表

年　　月　　日

| 产品名称 | 本月完工产量（件） | 项目 | 直接材料 | 直接人工 | 制造费用 | 合计 |
|---|---|---|---|---|---|---|
| 传感器 | 50 000 | 期初在产品成本 | | | | |
| | | 本月生产成本 | | | | |
| | | 合计 | | | | |
| 传声器 | 50 000 | 期初在产品成本 | | | | |
| | | 本月生产成本 | | | | |
| | | 合计 | | | | |

审核：　　　　　　　　　　　　　　　　制表：

凭证13-34-1

## 潍坊嘉华电子有限责任公司
## 销售产品成本计算表

年　　月　　日

| 产品名称 | 期初结存 | | 本期完工入库 | | 加权平均单价 | 本期销售成本 | | 期末结存 | |
|---|---|---|---|---|---|---|---|---|---|
| | 数量 | 总成本 | 数量 | 总成本 | | 数量 | 总成本 | 数量 | 总成本 |
| 传感器 | | | | | | | | | |
| 传声器 | | | | | | | | | |

审核：　　　　　　　　　　　　　　　　制表：

凭证 13-35-1

## 潍坊嘉华电子有限责任公司
## 未交增值税结转表

年　月　日　　　　　　　　　　　　　　　单位：元

| 项目 | 栏次 | 金额 |
|---|---|---|
| 本期销项税额 | 1 | |
| 本期进项税额 | 2 | |
| 本期进项税额转出 | 3 | |
| 本期抵扣税额 | 4=2-3 | |
| 本期应纳税额 | 5=1-4 | |
| 本期留抵税额 | 6 | |
| 转出未交增值税 | 7 | |

审核：　　　　　　　　　　　制表：

凭证 13-36-1

## 潍坊嘉华电子有限责任公司
## 税金及附加计算表

年　月　日　　　　　　　　　　　　　　　单位：元

| 税　种 | 计税依据 | | | 税率 | 应缴税额 |
|---|---|---|---|---|---|
| | 增值税 | 消费税 | 合计 | | |
| 城市维护建设税 | | | | 7% | |
| 教育费附加 | | | | 3% | |
| 合　计 | | | | | |

审核：　　　　　　　　　　　制表：

凭证 13-37-1

## 潍坊嘉华电子有限责任公司
## 本月损益类账户结转表

年　　月

| 科目名称 | 借方发生额 | 贷方发生额 |
|---|---|---|
|  |  |  |
|  |  |  |
|  |  |  |
|  |  |  |
|  |  |  |
|  |  |  |
|  |  |  |
|  |  |  |
|  |  |  |
|  |  |  |
| 合计 |  |  |

审核：　　　　　　　　　　制表：

凭证 13-38-1

## 潍坊嘉华电子有限责任公司
## 应纳企业所得税额计算表

年　　月　　　　　单位：元

| 项目 | 金额 |
|---|---|
| 一、会计利润总额 |  |
| 加：调增项目 |  |
| 　　1. |  |
| 　　2. |  |
| 小计 |  |
| 减：调减项目 |  |
| 　　1. |  |
| 　　2. |  |
| 小计 |  |
| 二、应纳税所得额 |  |
| 适用税率 |  |
| 三、应纳所得税额 |  |

审核：　　　　　　　　　　制表：

# 附录 1

# 凭证填制与账簿登记注意事项

## 一、会计书写规范

(一) 阿拉伯数字书写规范

在会计工作中,阿拉伯数字主要用于会计凭证、会计账簿、财务会计报告中数量、单价、金额等填写。在有金额分位格的账表和凭证上,阿拉伯数字的书写应结合记账规则的需要,有其特定的书写规范,阿拉伯数字手写体字样如图 1 所示。

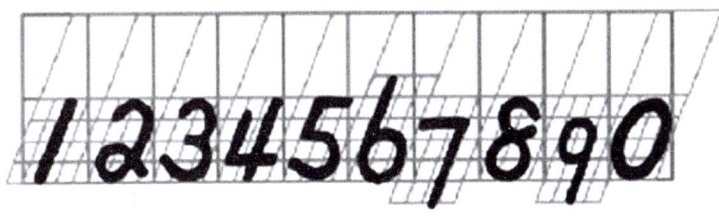

图 1 阿拉伯数字手写体字样

阿拉伯数字的书写格式具体规范要求如下:

(1) 书写数字应由高位到低位,从左到右,各自独立,不得连笔。

(2) 账表和凭证上阿拉伯数字应使用斜体,斜度为 60 度左右(数字与底线成 60 度左右的倾斜)。书写数字时,其高度占格距额的 1/2 的高度,以便于改错。"7"和"9"上低下半格的 1/4、下伸次行上半格的 1/4 处,其他数字要靠在底线上书写,不要悬空,"6"的上端可以比其他数字高出 1/4。

(3) "0"要写成椭圆形,细看应接近轴对称与中心对称的几何图形,下笔要由右上角按逆时针方向划出,既不要写的太小,又不要开口,不留尾巴,不得写成"D"型,也不要写成"C"型。

(4) 除了"4""5"以外的数字,均应一笔写成。

(5) 阿拉伯数字表示的金额为小写金额,书写时,应采用人民币符号"¥"。"¥"是汉语拼音文字"元"(yuan)第一个字母缩写变形,它既代表了人民币的币制,又表示人民币"元"的单位。因此,小写金额前填写人民币符号"¥"以后,数字后面可不写"元"字。

(6) 如果在会计工作底稿或会计运算中,运用上下几行数额累计加减时,应尽可能保证纵行累计数字的位数对齐,以免产生计算错误。

(7) 对于容易混淆、不易写好、笔顺相近的数字书写,尽可能地按标准字体书写,区分笔顺,避免混同,以防涂改。

例如,"1"不能写短,且要合乎斜度要求,防止改为"4""6""7"或"9"。

"6"可适当扩大其字体,使起笔上伸到数码格的1/4处,下圆要明显,以防改为"8"。

"7""9"两字的落笔可下伸到底线外,约占下格的1/4位置。

"6""8""9""0"都必须把圆圈笔划写顺,并一定要封口。

"2""3""5""8"应各自成体,避免混同。

(8) 阿拉伯数字书写错误,不得采用刮擦、挖补、涂改或褪色等手段更改,一般采用划线更正法予以更正,即用红笔在错误的全部数字正中划一条单红线,在其上方空白处书写正确的数字,加盖更改者印鉴或签名。

(二) 文字书写规范

1. 文字的书写要求

会计上的文字书写是指汉字的书写,与经济业务活动相联系的文字书写包括数字的大写和企业名称、会计科目、费用项目、商品类别、计量单位以及摘要、财务分析报表的书写等。

会计工作对文字书写的基本要求是:简明扼要,字体规范,字迹清晰,排列整齐,书写流利并且字迹美观。

(1) 用文字对所发生的经济业务简明扼要地叙述清楚,文字不能超过各书写栏。书写会计科目时,要按照会计制度的有关规定写出全称,不能简化、缩写,明细科目也要准确、规范。

(2) 书写字迹清晰、工整。书写文字时,可用正楷或行书,字体规范,文字大小应一致,汉字间适当留有间距。

2. 大写数字的书写要求

(1) 汉字大写金额用中文正楷或行书书写。如"壹、贰、叁、肆、伍、陆、柒、捌、玖、拾、佰、仟、万、亿、元、角、分、零、整(正)"等。

(2) 大写金额前要冠有人民币字样。大写金额前若没有印制"人民币"字样的,书写时,在大写金额前要冠以"人民币"字样。"人民币"与金额首位数字之间不得留有空格,数字之间更不能留存空格,写数与读数顺序要一致。

(3) 正确运用"整"或"正"。人民币以元为单位时,只要人民币元后分位没有金额(即无角无分时,或有角无分),应在大写金额后加上"整"或"正"字结尾;如果分位有金额,在"分"后不必写"整"字。大写金额数字到元或角为止的,在"元"或者"角"字之后应写"整"字或"正"字。大写金额数字有分的,"分"字后面不写"整"字或"正"字。

例如,"58.69元"应写作"人民币伍拾捌元陆角玖分"(因其分位有金额,在"分"后不必写"整"字)。

例如,"58.60元"应写作"人民币伍拾捌元陆角整"(因其分位没有金额,应在大写金额后加上"整"或"正"字结尾)。

(4) 正确写"零"(0)。金额数字中间连续有几个"0"时,只写一个"零"字。金额数字万位或元位是"0",或万位、元位是"0"但千位、角位不是"0"时,中文大写金额数字可以只写一个"零"字,也可以不写"零"字。

例如,"5 000.70元"应写作"人民币伍仟元零柒角整"。

"800.10元"应写作"人民币捌佰元零壹角整"。

"300 010.30元"应写作"叁拾万壹拾元叁角整或叁拾万零壹拾元零叁角整"。

(5) 表示数位的文字"拾、佰、仟、万、亿"前必须有数字。数字为拾几、拾几万时,大写文字前必须有数字"壹"字,因为"拾"字代表位数,而不是数字。

例如,"10元"应写作"人民币壹拾元整"。

"16.60元"应写作"人民币壹拾陆元陆角整"。

(6) 中文大写数字错误的订正方法。中文大写数字写错或发现漏记,不能涂改,也不能使用"划线更正法",必须重新填写。表1列示了部分数字金额的错误书写和正确书写的示例。

表1 部分数字金额的错误书写和正确书写示例

| 数码金额 | 错误书写 | 正确书写 |
| --- | --- | --- |
| ¥2 000.00 | 人民币:贰仟元整 | 人民币贰仟元整 |
| ¥104 000.00 | 人民币拾万零肆仟元整 | 人民币壹拾万零肆仟元整 |
| ¥60 085 000.00 | 人民币陆仟万零捌万伍仟元整 | 人民币陆仟零捌万伍仟元整 |
| ¥9 700 000.54 | 人民币玖佰柒拾万零伍角肆分 | 人民币玖佰柒拾万元零伍角肆分 |

## 二、填制与审核会计凭证注意事项

(一) 填制与审核原始凭证注意事项

1. 原始凭证的填制要求

(1) 记录真实。原始凭证所填列的经济业务内容和数字,必须真实可靠,符合实际情况。

(2) 内容完整。原始凭证所要求填列的项目必须逐项填列齐全,不得遗漏和省略。

(3) 手续完备。从外单位取得的原始凭证,必须盖有填制单位的公章;从个人取得的原始凭证,必须有填制人员的签名或者盖章。自制原始凭证必须有经办单位负责人或者其指定的人员签名或者盖章。对外开出的原始凭证,必须加盖本单位公章。购买实物的原始凭证,必须有实物验收说明。支付款项的原始凭证,必须有收款单位和收款人的收款证明。

(4) 书写清楚、规范。原始凭证要按规定填写,文字要简要,字迹要清楚,易于辨认,不得使用未经国务院公布的简化汉字。金额数字一律填写到角、分,无角、分的,写"00"或符号"—";有角无分的,分位写"0",不得用符号"—"。

例如,"473.00""473.—""473.30"为正确,"473.3—"为错误。

例如:"473.00"写作"人民币肆佰柒拾叁元整"为正确。

"473.30"写作"人民币肆佰柒拾叁元叁角整"为正确。

"473.37"写作"人民币肆佰柒拾叁元叁角柒分整"为错误。

(5)编号连续。如果原始凭证已预先印定编号,在写坏作废时,应加盖"作废"戳记,妥善保管,不得撕毁或丢弃。

(6)不得涂改、刮擦、挖补。原始凭证有错误的,应当由出具单位重开或更正,更正处应当加盖出具单位印章。原始凭证金额有错误的,应当由出具单位重开,不得在原始凭证上更正。

(7)填制及时。各种原始凭证一定要及时填写,并按规定的程序及时送交会计机构、会计人员进行审核。原始凭证的审核人员应检查有关数量、单价、金额是否正确无误,是否与实际业务一致。

2.原始凭证的审核

(1)原始凭证审核的主要内容。

第一,审核原始凭证的真实性。原始凭证作为会计信息的基本信息来源,其真实性对会计信息的质量具有重要的影响,原始凭证真实性的审核包括凭证日期是否真实,业务内容是否真实,数据是否真实等。

第二,审核原始凭证的合法性、合理性。合法性审核是以国家的有关方针、政策、法令、规定等为依据。审核原始凭证所记录经济业务是否符合国家法律法规问题,是否履行了规定的凭证传递和审核程序。合理性审核是审核原始凭证所记录经济业务是否符合企业经济活动的需要,是否符合有关的计划和预算等。

第三,审核原始凭证的完整性。完整性审核主要是审核原始凭证各项基本要素是否齐全,是否有漏项情况,日期是否完整,数字是否清晰,文字是否工整,有关人员签章是否齐全,手续是否完备等。

第四,审核原始凭证的正确性。审核原始凭证记载的各项内容是否正确。原始凭证金额有错误的,应当由出具单位重开,不得在原始凭证上更正。原始凭证有其他错误的,应当由出具单位重开或者更正,更正处应当加盖出具单位公章或财务专用章。

(2)原始凭证审核后的处理包括:①对于完全符合要求的原始凭证,应及时据以编制记账凭证入账。②对于真实、合法、合理但内容不够完整、填写有错误的原始凭证,应退回给有关经办人员,由其负责将有关凭证补充完整、更正错误或重开后,再办理正式会计手续。③对于不真实、不合法的原始凭证,会计机构、会计人员有权不予接受,并向单位负责人报告。

(二)填制与审核记账凭证注意事项

1.记账凭证的填制要求

(1)内容完整。记账凭证应该包括的内容都应具备。例如,记账凭证的日期,一般为编制记账凭证当天的日期。按权责发生制原则计算收益、分配费用、结转成本利润等调整分录和结账分录的记账凭证,虽然需要到下个月才能编制,仍应填写当月月末的日期,以便在当月的账内进行登记。

（2）会计分录编制正确。首先，会计科目要运用正确，必须按照会计制度规定的会计科目名称及核算内容进行运用，明细科目名称也要如实正确填写；其次，记账方向要正确，即应借应贷对应关系要清晰明确；最后，借贷双方金额要相等。

（3）连续编号。记账凭证应连续编号，有利于分清会计事项处理的先后，便于记账凭证与会计账簿之间的核对，确保记账凭证的完整。

（4）分类正确。根据经济业务的内容，正确区别不同类型的原始凭证，正确应用会计科目。记账凭证可以根据每一张原始凭证填制，或者根据若干张同类原始凭证汇总编制，也可以根据原始凭证汇总表填制，但不能将不同内容和类别的原始凭证汇总填制在一张记账凭证上。

（5）除了结账和更正错误的记账凭证可以不附原始凭证，其他记账凭证必须附有原始凭证。如果一张原始凭证涉及几张记账凭证，可以把原始凭证附在一张主要的记账凭证后面，并在其他记账凭证上注明附有该原始凭证的记账凭证的编号或者附原始凭证复印件。一张原始凭证所列支出需要几个单位共同负担的，应当将其他单位负担的部分，开给对方原始凭证分割单，进行结算。原始凭证分割单必须具备原始凭证的基本内容包括凭证名称、填制凭证日期、填制凭证单位名称或者填制人姓名、经办人的签名或者盖章、接受凭证单位名称、经济业务内容、数量、单价、金额和费用分摊情况等。

（6）如果在填制记账凭证时发生错误，应当重新填制。已经登记入账的记账凭证，在当年内发现填写错误时，可以用红字填写一张与原内容相同的记账凭证，在摘要栏注明"注销某月某日某号凭证"字样，同时再用蓝字重新填制一张正确的记账凭证，注明"订正某月某日某号凭证"字样。如果会计科目没有错误，只是金额错误，也可以将正确数字与错误数字之间的差额，另编一张调整的记账凭证，调增金额用蓝字，调减金额用红字。

（7）记账凭证填制完经济业务事项后，如有空行，应当自金额栏最后一笔金额数字下的空行处至合计数上的空行处划线注销。

2. 记账凭证的审核内容

（1）内容是否真实。审核记账凭证记录的经济业务是否符合后附的原始凭证所反映的内容，内容是否真实。

（2）项目是否齐全。记账凭证审核人员应检查记账凭证中有关项目的填列是否完备，有关人员的签章是否完备。

（3）科目是否正确。记账凭证审核人员应检查应借应贷的会计科目和金额是否正确，账户的对应关系是否清晰、完整，核算内容是否符合会计制度的要求。

（4）金额是否正确。在记账凭证上列示的金额有总分类科目金额，也有明细分类科目的金额，记账凭证审核人员应根据借贷记账法的基本原理检查填列的金额的正确性。

（5）书写是否正确。出纳人员在办理收款或付款业务后，是否已在原始凭证上加盖"收讫"或"付讫"的戳记。记账凭证中的记录是否文字工整、数字清晰，是否按规定进行更正等,记账凭证的填写有特定的要求,编制记账凭证必须遵守这些规定。因此,记账凭证审核人员应检查记账凭证的书写是否正确。

### 三、登记账簿、对账及结账注意事项

(一) 账簿登记注意事项

(1) 准确完整。登记会计账簿时,应当将会计凭证日期、编号、业务内容摘要、金额和其他有关资料逐项记入账内,做到数字准确、摘要清楚、登记及时、字迹工整。

(2) 注明记账符号。登记完毕后,要在记账凭证上签名或者盖章,并注明已经登账的符号,表示已经记账。

(3) 文字和数字必须整洁清晰,准确无误。账簿中书写的文字和数字上面要留有适当空格,不要写满格;一般应占格距的1/2。

(4) 正常记账使用蓝黑墨水。登记账簿要用蓝黑墨水或者碳素墨水书写,不得使用圆珠笔(银行的复写账簿除外)或者铅笔书写。

(5) 特殊记账使用红墨水。下列情况,可以用红色墨水记账:①按照红字冲账的记账凭证,冲销错误记录。②在不设借贷等栏的多栏式账页中,登记减少数。③在三栏式账户的余额栏前,如未印明余额方向的,在余额栏内登记负数余额。④根据国家统一会计制度的规定可以用红字登记的其他会计记录。

(6) 顺序连续登记。各种账簿按页次顺序连续登记,不得跳行、隔页。如果发生跳行、隔页,应当将空行、空页划线注销,或者注明"此行空白""此页空白"字样,并由记账人员签名或者盖章。

(7) 结出余额。凡需要结出余额的账户,结出余额后,应当在"借或贷"等栏内写明"借"或者"贷"等字样。没有余额的账户,应当在"借或贷"等栏内写"平"字,并在余额栏的"元"处用"θ"表示。现金日记账和银行存款日记账必须逐日结出余额。

(8) 过次承前。每一账页登记完毕结转下页时,应当结出本页合计数及余额,写在本页最后一行和下页第一行有关栏内,并在摘要栏内注明"过次页"和"承前页"字样,也可以将本页合计数及金额只写在下页第一行有关栏内,并在摘要栏内注明"承前页"字样。

对需要结计本月发生额的账户,结计"过次页"的本页合计数应当为自本月初起至本页末止的发生额合计数。对需要结计本年累计发生额的账户,结计"过次页"的本页合计数应当为自年初起至本页末止的累计数。对既不需要结计本月发生额也不需要结计本年累计发生额的账户,可以只将每页末的余额结转次页。

(9) 错账更正。账簿记录发生错误,不准涂改、挖补、刮擦或者用药水消除字迹,不准重新抄写,必须按照下列方法进行更正:①登记账簿时发生错误,应当将错误的文字或者数字划红线注销,但必须使原有字迹仍可辨认;然后在划线上方填写正确的文字或者数字,并由记账人员在更正处盖章。对于错误的数字,应当全部划红线更正,不得只更正其中的错误数字。对于文字错误,可只划去错误的部分。②由于记账凭证错误而使账簿记录发生错误,应当按更正的记账凭证登记账簿。

(二) 对账注意事项

(1) 账证核对。核对会计账簿记录与原始凭证、记账凭证的时间、凭证字号、内容、金额是否一致，记账方向是否相符。这种核对，一般是在日常工作中进行，月终如果发现有差错，则应将账簿记录与会计凭证逐一核对，以查明原因。

(2) 账账核对。核对不同会计账簿之间的账簿记录是否相符，具体包括总账有关账户的余额核对，总账与明细账核对，总账与日记账核对，会计部门的财产物资明细账与财产物资保管和使用部门的有关明细账核对等。

(3) 账实核对。核对会计账簿记录与财产等实有数额是否相符，具体包括现金日记账账面余额与现金实际库存数相核对，银行存款日记账账面余额定期与银行对账单相核对，各种财物明细账账面余额与财物实存数额相核对，各种应收、应付款明细账账面余额与有关债务、债权单位或者个人核对等。

(4) 账表核对。核对会计账簿记录与财务报表有关内容是否相符。

(三) 结账注意事项

(1) 对不需按月结计本期发生额的账户，如各项债权债务明细账和各项财产物资明细账。每次记账以后，都要结出余额，每月最后一笔余额是月末余额。月末结账时，只需要在最后一笔经济业务记录下面通栏划单红线，不需要再次结计余额。

(2) 现金、银行存款日记账和需要按月结计发生额的收入、费用等明细账，每月结账时，需在最后一笔经济业务记录下面通栏划单红线，结出本月发生额和余额，在摘要栏内注明"本月合计"字样，并在下面通栏划单红线。

(3) 对于需要结计本年累计发生额的明细账户，如收入、费用等明细账，每月结账时，应在"本月合计"行下结出自年初起至本月末止的累计发生额，登记在月份发生额下面，在摘要栏内注明"本年累计"字样，并在下面通栏划单红线。12月末的"本年累计"就是全年累计发生额，全年累计发生额下面通栏划双红线。

(4) 总账账户平时只需结出月末余额。年终结账时，为总括反映全年各项资金运动情况的全貌，核对账目，需将所有总账账户结出全年发生额和年末余额，在摘要栏内注明"本年合计"字样，并在合计数下面通栏划双红线。

(5) 年度终了结账时，有余额的账户，应将其余额结转下年，并在摘要栏注明"结转下年"字样。在下一会计年度新建有关账户的第一行余额栏内填写上年结转的余额，并在摘要栏注明"上年结转"字样，使年末有余额账户的余额如实地在账户中加以反映，以免混淆有余额的账户和无余额的账户。

附录 2

# 实训耗材采购统计表

| 材料名称 | 各项目耗材数量(每人) | | | | | | | | | | | | | 合计 |
|---|---|---|---|---|---|---|---|---|---|---|---|---|---|---|
| | 1 | 2 | 3 | 4 | 5 | 6 | 7 | 8 | 9 | 10 | 11 | 12 | 13 | |
| 记账凭证(张) | 9 | 20 | 5 | 30 | 10 | 5 | 20 | 18 | 6 | 20 | 20 | | 60 | 223 |
| 科目汇总表(页) | | | | | | | | | | | | 2 | 3 | 5 |
| 现金日记账(页) | 2 | | | | | | | | | 1 | 1 | | 1 | 5 |
| 银行存款日记账(页) | 2 | | | | | | | | | 1 | 1 | | 1 | 5 |
| 银行存款余额调节表 | 2 | | | | | | | | | | | | | 2 |
| 三栏式明细账(页) | | 20 | 7 | 20 | 4 | 5 | 7 | 6 | 5 | 6 | 5 | | 20 | 105 |
| 数量金额式明细账(页) | | | | 20 | | | | | | 2 | 2 | | 10 | 34 |
| 多栏式明细账(页) | | | | 10 | | | | | | 6 | 5 | | 10 | 31 |
| 增值税明细账(页) | | | | | | | | 2 | | | | | 3 | 5 |
| 固定资产明细账(页) | | | | | | 7 | | | | | | | | 7 |
| 总账(页) | 4 | 20 | 2 | 20 | 5 | 5 | 2 | 2 | 3 | 15 | 10 | | 50 | 138 |
| 凭证封面 | | | | | | | | | | | | | 3 | 3 |
| 资产负债表 | | | | | | | | | | | | 2 | 2 | 4 |
| 利润表 | | | | | | | | | | | | 2 | 2 | 4 |

附录 3

# 原始凭证审核记录表

| 序号 | 凭证编号 | 错误 | 处理意见 |
|---|---|---|---|
| 1 | | | |
| 2 | | | |
| 3 | | | |
| 4 | | | |
| 5 | | | |
| 6 | | | |
| 7 | | | |
| 8 | | | |
| 9 | | | |
| 10 | | | |
| 11 | | | |
| 12 | | | |
| 13 | | | |
| 14 | | | |
| 15 | | | |
| 16 | | | |
| 17 | | | |
| 18 | | | |
| 19 | | | |
| 20 | | | |

制表：